Jochen Reiss

111 Orte in Nordfriesland, die man gesehen haben muss

111

emons:

Bibliografische Information der Deutschen Nationalbibliothek
Die Deutsche Nationalbibliothek verzeichnet diese Publikation in der Deutschen Nationalbibliografie; detaillierte bibliografische Daten sind im Internet über http://dnb.d-nb.de abrufbar.

MIX
Papier | Fördert gute Waldnutzung
FSC® C083411

Covermotiv: fotolia.com/Marco 2811
Gestaltung: Eva Kraskes, nach einem Konzept von Lübbeke | Naumann | Thoben
Kartografie: altancicek.design, www.altancicek.de
Kartenbasisinformationen aus Openstreetmap,
© OpenStreetMap-Mitwirkende, ODbL
Druck und Bindung: CPI – Clausen & Bosse, Leck
Printed in Germany 2024
Erstausgabe 2015
ISBN 978-3-7408-2259-0
Aktualisierte Neuauflage Mai 2024

Vorwort

Warum stapelt ein alter Seemann Hunderte Schuhe vor seinem Haus? Was passierte in Winnetous Garage? Warum finden Nacktbader Sylt am anziehendsten zum Ausziehen? Wo steht Caspar David Friedrichs Kloster?

Nordfriesland ist viel mehr als plattes Land, als das Weltnaturerbe Wattenmeer. Mehr als Amrum und Föhr. Als Vogelparadies und Seehundbänke. Als Theodor Storm und Emil Nolde. Nordfriesland ist abwechslungs- und spannungsreich. Wer es begreifen und seine Menschen verstehen will, muss im Wortsinne abtauchen. Muss sich beschäftigen mit der Vergangenheit und wird staunen über die Gegenwart. Früher waren der Küste die Uthlande vorgelagert, die Außenlande. Mächtige Inseln vor dem Festland. Das Wasser hat die Landschaft verformt und ihre Bewohner, deren Sitten und Gebräuche geprägt. Die beiden Groten Mandränken (Großes Ertrinken) von 1362 und 1634 haben die Uthlande nahezu ausgelöscht. Ein paar Inseln und Halbinseln sowie die Halligen sind übrig geblieben. Wer zu ihnen übersetzt, muss wissen, dass Zigtausende Menschen, Hunderte Dörfer mit Dutzenden Kirchen unter Wasser und Sand begraben sind. Das Leben in Nordfriesland war immer Kampf mit den Naturgewalten. Ebbe und Flut geben den Rhythmus vor – dem Leben und den Gedanken eine besondere, ganz eigene Richtung.

Wir haben 111 spannende, aufschlussreiche, faszinierende Orte besucht, die auch Sie kennenlernen sollten. Wissen Sie, wo man heute noch Spuren des Atlantis der Nordsee findet, der legendären Handelsstadt Rungholt, einst reich wie Rom? Kennen Sie die Geschichte der Ulpiano, deren Wrack das Meer erst vor wenigen Jahren freigelegt hat? Waren Sie schon einmal auf dem Deich, über den der Schimmelreiter galoppierte? Viele Legenden werden erzählt, vieles ist mystisch und manches sogar den Nordfriesen unbekannt. So geheimnisvoll, betörend und verführerisch wie Nordfriesland sind nur wenige Regionen der Welt.

111 Orte

1 Die sprechenden Grabsteine

Biografische Inschriften auf 152 Stelen

Das Leben des Harck Olufs muss wirklich ein Abenteuer gewesen sein. Erst 15 Jahre alt und Matrose ist er, als osmanische Seeräuber ihn 1724 gefangen nehmen. Auf dem Sklavenmarkt von Algier verkaufen sie den Jugendlichen an den Bey (Herrscher) der heute algerischen Stadt Constantine. Aber Harck Olufs macht schnell Karriere: Er wird Schatzmeister des Beys, Kommandeur der Leibgarde, Oberbefehlshaber des Reiterheeres. Nach elf Jahren kehrt er mit viel Gold und Geld und mit vornehmen Möbeln auf seine Heimatinsel zurück. Er ist nun der reichste Mann auf Amrum.

Eine Steinplatte auf dem alten Friedhof der Kirche Sankt Clemens in Nebel erzählt vom Leben des Harck Olufs. Sprechende Grabsteine werden die Stelen genannt, die hier wie in einem Museum nebeneinanderstehen. In dieser Steinbibliothek sind die Lebensläufe der Insulaner aus den Jahren 1678 bis 1858 ausführlich nachzulesen. Wer es sich leisten konnte, dessen Biografie wurde in Sandstein gemeißelt.

Ein Turban und ein Krummsäbel schmücken die Grabstele von Harck Olufs. Darunter ist zu lesen: »… In solcher Gefangenschaft aber hat er dem türkischen Bey zu Constantine 11 und ein virtel Jahr gedinet, bis ihm endlich dieser Bey Ao. 1735 d 31. October aus Gewogenheit zu ihm seine Freyheit geschencket, da er denn das folgende Jahr darauf Ao. 1736 d 25. April glucklich wieder um alhier auf seinem Vaterland angelanget ist. Und sich also Ao. 1737 in dem Stande der Heiligen Ehe begeben mit Antje Harken. So nun sich nebst 5 Kindern in den betrübten Witwenstande befindet.« 46 Jahre alt ist Harck Olufs geworden.

Insgesamt 152 dieser Stelen stehen hier, viele mit Schiffen verziert. Herzergreifend ist auch diese Inschrift: »Hier ruhen die Gebeine des sel. Schiffers Willem Claasen, der gebohren ward Ao. 1714 den 8. Märtz, und in seiner 4mahl ehelichen Verbindung 13 Kinder gezeuget hat, davon ihn 4 Söhne überlebten.«

Adresse Uasterstigh / Ecke Hööwjaat, 25946 Nebel, Tel. 04682/2389 | Anfahrt von der Inselstraße am Parkplatz des FKK-Zeltplatzes rechts in den Uasterstigh | Öffnungszeiten der Kirche täglich 9–17 Uhr | Tipp Die Nebeler Windmühle, 400 Meter entfernt am Waasterstigh, ist die älteste Schleswig-Holsteins. Mit ihr wird ein für Amrum spezifisches Ritual praktiziert: Eigentlich stehen ihre Flügel diagonal »in der Schere«. Wird jemand beerdigt, stehen sie in horizontal-vertikaler Stellung »im Kreuz«.

2 Die Strandgutburgen

Upcycling im Sand

Panchos Burg ist unübertroffen. Sie war gelungenes Kunstwerk aus Kreativität und Anarchie. Jedes Detail hatte Pancho liebevoll dekoriert. Den gelben Schutzanzug aus robustem Material und doch verschlissen – vielleicht hatte eine Windböe ihn von einer Offshore-Plattform verweht. Die Flipflops hatten sicher Badende verloren. Der Gummistiefel mag einem Fischer über Bord gegangen sein. Aber wie kam die glitzernde Discokugel ins Meer, das diese an den Strand gespült hat? Jedenfalls hat Pancho sie dort aufgelesen und wie all die anderen Fundsachen an seine Burg gehängt.

Farbenfroh thronte sie in einer Vordüne am breiten, 15 Kilometer langen Strand von Amrum, der hier Kniepsand heißt. Holzplanken, Plastikfolien, Reste von Fischernetzen, Tonnen, Taue, Strandspielzeug, Sonnenmilchtuben – was Pancho bei seinen Strandläufen fand, sammelte er auf, trug es zu seiner Burg, baute damit an und um. Meterlange Pfähle ragten in den Himmel, geschmückt mit Fendern und bunten Bändern. Auf etwa hundert Quadratmetern hatte Pancho eine bewohnbare Installation geschaffen. War Pancho mal nicht da, wurde trotzdem weitergebaut. Spaziergänger behängten dann die Burg mit dem, was sie am Strand gefunden hatten, ergänzten das Ensemble. So einzigartig war Panchos Burg, dass der Direktor des Altonaer Museums in Hamburg sie ausstellte.

Winterstürme haben die Burg oft eingerissen, Fluten Teile weggespült. Pancho, wie die Insulaner den Kunstmaler Otfried Schwarz nannten, hat seine Festung immer wieder aufgebaut. Vor einigen Jahren ging sie doch verloren. Und Pancho ist inzwischen tot. Nachahmer versuchen sich an eigenen Konstruktionen. Ein halbes Dutzend Burgen versteckt sich in den Dünen. Ganz legal ist das nicht, die Hütten sind ein Eingriff in den Naturpark Wattenmeer. Man drückt aber ein Auge zu, wenn tatsächlich nur Strandgut verbaut wird. »Hartelk welkimen«, steht auf Friesisch an einer der Hütten. »Herzlich willkommen«.

Adresse auf dem Kniepsand, 25946 Nebel | Anfahrt vom Waasterstigh in den Strunwai Richtung Kniepsandhalle (ist ausgeschildert), nach einem Kilometer großer Parkplatz (gebührenfrei), am Strand nach rechts etwa eine halbe Stunde zu Fuß | Tipp Erhitzt nach dem Marsch unter der Sonne? Abkühlung im Meer wäre jetzt schön, aber man hat keinen Bikini und keine Badehose dabei? Nur runter mit den Klamotten! Große Abschnitte des Kniepsandes sind Nacktbadestrand.

3 Die Bohlenwege

Auf die Planken!

Bloß nicht einem der Gonger begegnen! Die Untoten steigen in der Dunkelheit aus dem Meer. Sie werden wie Wasserleichen beschrieben. In Kleidern, die sie am Tag ihres Todes trugen. Im Leben waren sie Gotteslästerer, Selbstmörder, Mordopfer. Die Chroniken berichten auch von »Menschen, welche die Grundsteine der Nachbarn versetzten«. Es war wohl üblich, diese Toten in die Nordsee zu werfen. Aber sie finden keine Ruhe in ihrem nassen Grab. Nach dem letzten Mitternachtsschlag der Kirchenglocke, dem letzten Gong, erwachen sie. Eine Spur nasser Fußabdrücke ziehen sie hinter sich her. Niemals darf man einem Gonger die Hand reichen. Sie wird dann schwarz und fällt ab. Das sagt die Sage. Andere Mitglieder der Geisterfamilie sind als Seeleute ertrunken. Sie sollen ungefährlich sein. Sie legen sich auf die Bettdecke ihrer schlafenden Nachfahren. Eine Salzwasserlache zeugt am Morgen von ihrem Besuch. Diese Gonger wollen sich nur in Erinnerung bringen.

Die Gonger kommen über die Bohlenwege. Scheinbar endlos mäandern diese durch Amrums Dünengürtel. Die Sandberge sind natürliche Barriere, schützen bei Sturmfluten. Sie sind die Lebensversicherung der Insel. Sie müssen erhalten werden, man darf sie nicht besteigen. Für Küstenschützer sind die Holzwege deshalb »Besucherlenkungseinrichtungen«, die die Wanderer von den empfindlichen Dünen fernhalten sollen. Grundgerüst der Bohlenwege sind Eichenpfähle. Für die Bretter nehmen die Zimmerer Fichtenholz. Experimentiert wird mit sibirischer Lärche, die länger halten soll.

Zwölf Kilometer weit – länger, als die Insel selbst – ziehen sich die Plankenwege durch die Dünen, legen sich in Kurven, spannen sich über Senken und Feuchtbiotope, queren im August die blühende Besenheide. Einstiege gibt's bei Wittdünn, bei Nebel, in Norddorf. Vom Steg von Süddorf zum Strand führt ein Abstecher zu einer der Aussichtsdünen. Bis zum Gipfel sind es 92 Stufen.

Adresse Naturschutzgebiet Dünenlandschaft, 25946 Süddorf | Anfahrt vom Waasterstigh in den Sösarper Strunwai (dem Schild »Strandhäuschen« folgen), am Ende der Straße links zum Parkplatz (gebührenfrei) | Tipp Von der Vogelkoje zwischen Nebel und Norddorf führt der Bohlenweg vorbei an Steinzeitgräbern und dem Nachbau eines Hauses aus der Eisenzeit.

4 Das Steuerhaus No 1

Porren pulen für Fortgeschrittene

Niemand kann Krabben pulen, ohne sich nicht mindestens die Finger schmutzig zu machen. Es empfiehlt sich eine Schürze. Ungeübte erkennt man daran, dass sie mit einem Ruck den Kopf vom Körper zu lösen versuchen, dann friemeln sie die einzelnen Panzerringe bis zum Schwanz vom Fleisch. Nordkinder pulen Krabben, ohne den Panzer in Einzelteile zu zerlegen. Man fixiert den Kopf der Krabbe zwischen Daumen und Zeigefinger. Nicht quetschen! Mit der anderen Hand das Hinterteil drehen, bis der Panzer in der Mitte aufbricht. Jetzt den Schwanz festhalten und den Panzer vom Krabbenfleisch ziehen. Zuletzt das Fleisch vorsichtig aus dem Kopf des Tieres lösen.

An der Mole des Yacht- und Seezeichenhafens sind am späten Vormittag alle Sitzbänke und Poller belegt. Familien pulen die rötlichbraunen Krabben, die bei den Nordfriesen »Porren« heißen. Das Fleisch geht gleich von der Hand in den Mund. In ihrem Kiosk Das Steuerhaus No 1 verkauft Milu Thaden die ungepulten Meeresfrüchte. Gehandelt wird in Litern. Ein Liter sind 500 Gramm. Der Tagespreis schwankt. Sieben Euro sind ein fairer Preis.

Am Morgen hat Andreas Thaden, der Ehemann, die Ware geliefert. Amrums einziger Krabbenfischer hat zuvor den größten Teil des nächtlichen Fangs zum Großhändler in Dagebüll gebracht. Die Krabben werden noch an Bord in Meerwasser gekocht, im Kühlraum gelagert. Zuletzt hat der Fischer in siebter Generation ein neues Geschäftsfeld entwickelt. Während sein Kutter die Schleppnetze auf Rollen über den Meeresgrund zieht, die Krabben vom Boden aufschrecken und in die Netze springen, schöpfen Thaden und sein Bootsmann mit Eimern Wasser. Das wird gefiltert und verdunstet auf einer Pfanne. Dafür nutzt der Fischer die Abwärme des Kuttermotors. Naturbelassene Meersalzkristalle bleiben zurück, werden in dekorative Gläser gefüllt. Auch die und das Fischgewürz »Tante Gräte« sind bei Milu Thaden zu haben.

Adresse Parkplatz am Tonnenhafen, 25946 Wittdün, Tel. 0171/1453609 | Anfahrt von der Inselstraße in die Straße Zum Tonnenhafen | Öffnungszeiten Di–Sa 10–12.30 Uhr | Tipp Ist der Käpt'n nicht unterwegs, hat er seinen weiß-blauen Kutter Butjadingen im Hafen vertäut. Beim Fischen sitzt er im Recaro-Pilotensessel, vor sich hat er einen Laptop.

5 Der Tonnenhafen

Ein buntes Spektakel, welches das Meer sicher macht

Erst wenn sie an Land liegen, erkennt man, wie groß sie sind: acht, zehn, zwölf Meter und mehr lang oder hoch. Die Seezeichen, Navigationshilfe für alle Kapitäne. Die Verkehrsschilder der Meere. Blaue, rote, weiße, grüne. Einfarbige und zweifarbige. Tonnen werden sie auch genannt. Spierentonnen, Bakentonnen, Stumpftonnen, Spitztonnen. Wie sie so daliegen, sind sie ein gewaltiges farbiges Spektakel.

Der Seezeichenhafen von Amrum ist ein Ort der Ruhe. Der Yachtclub hat hier seine Basis, an zwei Stegen sind die Segelboote vertäut, bei Ebbe liegen sie auf Grund. Der Seenotrettungskreuzer Ernst Meier-Hedde ist hier stationiert, seine Besatzung hat schon viele Menschenleben gerettet. Im Hintergrund umschließen die bunten Giebel des Restaurants Seefohrerhus das Ambiente. Die gold-rot-blaue Fahne Nordfrieslands weht stramm im Wind. Auf ihr der Freiheitsspruch »Lewer duad üs Slav«, lieber tot sein als ein Sklave.

A Huuwen, so nennen die Amrumer ihren Hafen. In den 20er Jahren war er Liegehafen für die mächtigen Nassbagger, die man für den Bau des Hindenburg-Dammes vom Festland zur Insel Sylt brauchte. Dann wurde das Becken zum Schutz- und Sicherheitshafen umgebaut. Der Hafen ist heute eine Außenstation des Wasser- und Schifffahrtsamtes Tönning.

327 Seetonnen, die von der deutsch-dänischen Grenze im Norden und bis Husum im Süden den Schifffahrtsverkehr sichern, werden von hier aus betreut. Bojen, sagen die Unkundigen, wenn sie die Tonnen meinen. Viele der Seezeichen sind Leuchttonnen, etliche werden mit Solarmodulen betrieben. An Land werden sie entrostet, Problemstellen werden verschweißt. Dann bekommen die Tonnen einen leuchtenden Anstrich. Die Amrumbank, ein moderner Tonnenleger – so nennt man ein Schiff, das die Tonnen setzt –, bringt sie dann im Meer erneut in Position. Damit ganz klar ist, wo Back- und wo Steuerbord ist und wo die manchmal enge Fahrrinne verläuft.

Adresse Bucht zwischen Wittdün und Steenodde, 25946 Wittdün, Tel. 04682/948500 | Anfahrt von der Inselstraße in die Straße Zum Tonnenhafen | Öffnungszeiten Führungen April–Okt. nach Anmeldung | Tipp Der Innenbereich des Tonnenhafens ist abgesperrt, aber das Tor steht meistens offen. Fragen Sie ruhig, ob Sie aufs Gelände dürfen. Dann können Sie den neuen Seenotrettungskreuzer Ernst Meier-Hedde aus nächster Nähe sehen.

6 Der Wriakhörn-See

Ein Naturbad im Vogelparadies?

Der Kniepsand ist einer der breitesten Sandstrände Europas. Geologisch ist er eine Sandbank, die einmal Amrum vorgelagert war. Immer weiter hat sie sich auf die Küste zubewegt. Der Kniepsand ist ein Hochsand, wird bei normaler Flut nicht überspült. So hält er die Nordsee auf Abstand und schützt die Insel. Vorherrschende Westwinde blasen zudem stets Sand zur Küste, versorgen die Dünen mit Nachschub. Jedes einzelne Sandkorn leistet da seinen Beitrag. Man muss sich nur an den Dünenfuß stellen, beobachten, wie schnell sich im Windschatten des Strandhafers der Flugsand aufhäufelt. Ein paar Halme reichen als Hindernis. Der Strandhafer ist ein Spezialist der Weißdüne, kann bis zu 30 Meter hohe Sandberge bauen. Er verkümmert, wenn er keinen nährsalzreichen Flugsand erhält.

Eingebettet in die Dünen liegt der See Wriakhörn. Sein Name setzt sich aus den friesischen Wörtern »Wriak« für Brackwasser und »Hörn« zusammen, das eine Einbuchtung meint. Dieser für die Nordsee-Inseln einmalige Süßwassersee entstand durch das natürliche Anwachsen eines Dünenwalls, der später künstlich verlängert wurde und einen Strandbereich umschloss. Schnell hat sich die 800 Meter lange Mulde mit Grundwasser und Regen gefüllt. So viel Wasser steht manchmal im See, dass es ins Meer gepumpt werden muss, damit es die Bohlenwege (siehe Ort 3) nicht überschwemmt.

Der Wriakhörn-See ist Vogelparadies für Austernfischer, Brandgänse, Küstenschwalben und Heringsmöwen. Man überlegt, einen Teil als Freibad zu nutzen. Amrums Südstrand versandet immer mehr. Wer im Meer schwimmen will, muss weit laufen. Und das Schwimmbad oberhalb des Sees ist oft überfüllt. Proben haben zudem ergeben, dass das Wasser des Wriakhörn-Sees die Qualität von Heilwasser hat. Ein Paar, dass seit einem halben Jahrhundert auf Amrum Urlaub macht, hat dem Bürgermeister eine Millionenspende versprochen. Wenn er das Naturbad denn baut!

Adresse im Dünengürtel zwischen Wittdün und dem Leuchtturm, 25946 Wittdün | Anfahrt von der Inselstraße in die Straße Köhns Übergang bis zum Ende, rechts auf den Bohlenweg | Tipp Hinter den Weißdünen folgen die nährstoffarmen Grau- und Braundünen mit einer geschlossenen Pflanzendecke aus anspruchslosen Moosen und Flechten, mit Silbergras und Zwergsträuchern. Dahinter der Wald.

7 Der Logenplatz

Spannende Aussicht am Rande des Naturschutz-Koogs

Das ist bestes Unterhaltungsprogramm, und es kostet keinen Cent. Man setzt sich ins grüne Gras auf dem Deich an der Badestelle Lüttmoorsiel, vielleicht sind ein paar Schafe in der Nähe. Direkt vor dem Deich wird großes Kino geboten. Hier beginnt mit einer schwungvollen Linkskurve der Damm, der dann im rechten Winkel zur Küste schnurstracks hinüberführt zur Hallig Nordstrandischmoor. Drei Kilometer ist er lang, ein schmales Gleis führt über ihn. Im Hintergrund sieht man ein paar Häuser auf den Warften.

Plötzlich taucht er in der Ferne auf, ein leuchtender Punkt. Der zügig näher kommt und größer wird. Jetzt ist er etwa in der Mitte der Strecke. Ein Mensch ist zu erkennen, der eine leuchtende Warnweste trägt. Er strampelt, als würde er mit einem Fahrrad über die Schienen fahren. Tatsächlich treibt er mit reiner Muskelkraft eine kleine Lore an. Solche Loren sind die einzige stetige Verbindung der Bewohner dieser Hallig zum Festland. Und nur bei Niedrigwasser ist der Damm zu befahren. Über ihn werden die Einkäufe nach Hause gebracht, und diesen Weg müssen die Menschen nehmen, wenn sie zur Apotheke oder zum Zahnarzt wollen. Vor allem nachmittags bis zum Abend ist dieser kleine Halligverkehr gut zu beobachten. Touristen dürfen die Lorenbahn nicht benutzen. Aber es gibt Wattwanderungen, die zur Hallig Nordstrandischmoor hinüberführen.

Direkt hinter diesem Logenplatz liegt der Beltringharder Koog. Bis 1987 war hier Wattenmeer. Mit der Eindeichung dieses Kooges ging die Geschichte der großen Eindeichungen in Schleswig-Holstein vorerst zu Ende. 3.340 Hektar des Wattenmeeres waren eingedeicht worden. Aber dieser Koog ist anders als alle anderen. Eine Besiedlung ist verboten, und es gibt kaum Viehwirtschaft. Stattdessen Süßwasser- und Salzwasserbiotope auch hinter dem Deich. Siele ermöglichen einen Meerwasseraustausch im Rhythmus von Ebbe und Flut.

Adresse Badestelle Lüttmoorsiel, 25845 Beltringharder Koog | Anfahrt von der B 5 in Struckum Richtung Cecilienkoog, an der Abzweigung nach Schlüttsiel weiter geradeaus 3.800 Meter über den Lüttmoordamm | Tipp Am Lüttmoordamm steht nach 1.100 Metern auf der rechten Seite eine im Schilf versteckte Vogelbeobachtungshütte. Dem Austernfischer, dem Rotschenkel, der Pfeifente oder der Pfuhlschnepfe kommt man hier ganz nah.

8 Die Alte-Sorge-Schleife

Zu schön zum Liften

Die Sorge ist ein Fluss, der dem Bistensee in den Hüttener Bergen entspringt. Zunächst eher ein breiter Bach, schlängelt er sich in engen Kurven durch Weiden und Koppeln, wird auf dem Weg zur Eider immer breiter. Ab Meggerdorf haben Wasserbauingenieure die Sorge in ein geradliniges Bett parallel zur Straße gepresst. Ab hier heißt der Fluss Neue Sorge. Die Alte Sorge hat man abgetrennt. Vielleicht kommt das ihrer Schönheit sogar zugute, weil niemand versucht, sie zu liften. In kraftvollen Schleifen mäandert sie durch den Meggerkoog zwischen Bergenhusen, Erfde und Meggerdorf. Begleitet von Röhricht und wechselfeuchtem Grünland.

Das Naturschutzgebiet Alte-Sorge-Schleife mit hohem Grundwasserstand und angestauten Gräben ist idealer Lebensraum für Tiere und Pflanzen, die Nässe mögen. Große Flächen sind im Winter manchmal überschwemmt, teils werden sie durch Regulierung des Niederschlagswassers auch geflutet. Schaumkraut, Kriechender Hahnenfuß und Kuckuckslichtnelken lieben solche feuchten Wiesen. Die langschnäbelige Bekassine vollführt darüber ihre beeindruckenden Balzflüge, wenn sie sich aus großer Höhe senkrecht herabfallen lässt. Für die Weißstörche aus Bergenhusen (siehe Ort 9) sind es nur ein paar Flügelschläge, um sich hier an Froschlurchen satt zu fressen. Zum Schutzgebiet gehört auch das Colsrakmoor, ein Hochmoor. Durch Entwässerung, Torfabbau und Umwandlung in Grünland war es schon degeneriert. Man hat es wieder vernässt, überlässt es seiner natürlichen Entwicklung.

Durchs Moor führen Wanderwege. Direkt ans Ufer der Alten Sorge kommt man kaum. Eine Badestelle südlich von Bergenhusen ist aber ein solcher Ort. Meist ist man hier allein. Nur die Stimmen vorbeifahrender Radler sind zu hören. Ein Steg führt hinaus aufs Wasser. Im üppigen Schilf tanzen Libellen. Wer sich ins Gras legt und in den Himmel schaut, kann bis zum August Störche beim Überflug zählen.

Adresse 24861 Bergenhusen | Anfahrt von der B 202 in Norderstapel in die Hauptstraße, nach Papenbrook rechts in die Straßen Blumental und Dörpstroot, über den Fünfmühlen-Deich Richtung Meggerdorf (ausgeschildert), vor der Brücke auf der rechten Seite | Tipp Die Badestelle hat auch eine Dusche, eine Bierbank und eine Feuerstelle.

9 Das Dorf der Störche

Nirgendwo nisten und brüten mehr

Auch ein Storch kann zum kampfesmutigen Platzhirsch werden. Wenn er zurückkommt aus seinem Winterquartier in Afrika über die Sinaihalbinsel und den Bosporus. 10.000 Kilometer war er dann unterwegs und will es sich bequem machen in seinem Nest, das er seit Jahren ansteuert. Hat dann aber ein Eindringling das Zuhause besetzt, wird geklappert, dass es weithin zu hören ist. Storchenfedern fliegen. Bis dass der Störenfried die Flucht ergreift.

In Bergenhusen, wo die Störche plattdeutsch Hoier Boier heißen, kann man die Nestkämpfe in jedem März beobachten. Nach dem Sieg reparieren die Langbeiner ihr Nest, bis auch der Partner heimgekommen ist. Bis zu neun Mal täglich paaren sich die Tiere. Kurz darauf liegen Eier im Nest, nach 32 Tagen schlüpfen die Jungen. Gewöhnlich ab Mitte Mai.

Bergenhusen hat eine der größten Weißstorchkolonien Europas. 22 Brutpaare in einer Saison wurden in dem 750-Einwohner-Dorf schon gezählt. Natürlich gibt es eine Hoier-Boier-Stroot, auch der Gasthof heißt Hoier-Boier. Nach Bergenhusen kommen so viele Störche wegen der Lage des Ortes am Rand der Niederung der drei Flüsse Eider, Treene, Sorge. Ein unerschöpfliches Futterreservoir macht den Altvögeln die Aufzucht leicht. In den ersten Tagen sind Regenwürmer, Kaulquappen, Insekten gefragt. Später Mäuse, Frösche, Ringelnattern. Eine Kamera bei der Nisthilfe des Naturschutzzentrums (Goosstroot 1) zeigt die Fütterung live.

Ende Juli ein neues Schauspiel: Die jungen Störche starten ihre ersten Flugversuche. Mitte August verschwinden sie in den Süden. Die Altstörche folgen zwei Wochen später. Da sie als Segelflieger das Mittelmeer umfliegen müssen, weil es dort keine Thermik gibt, nehmen sie vielleicht wieder die Ostroute über den Sinai. Oder die Westroute über Gibraltar bis in die Sahelzone. Immer mehr bleiben in Spanien. Im Haushaltsmüll auf den Deponien finden sie Nahrung, nehmen aber auch Krankheiten auf.

Adresse 24861 Bergenhusen, Tel. 04885/454 (Gemeindeverwaltung) | Anfahrt von der B 202 in Norderstapel in die Hauptstraße, nach Papenbrook rechts in die Straßen Blumental und Dörpstroot | Tipp Von der Dorfkirche aus dem Storchendorf-Rundweg folgen (rote Richtungsdreiecke auf silbernen Säulen): Auf dem Dach des Reetdachhauses in der Linkskurve der Poststroot brüten zwei Paare.

10__Der Stollberg

Die beste Fernsicht bis zu den Halligen

Natürlich, man kann drüberfliegen. Oder sich bei Google Earth einen Eindruck verschaffen. Aber sonst sind die Möglichkeiten beschränkt, sich einen Überblick übers platte Land zu holen. Der Sandesberg bei Ostenfeld ist mit 53,3 Metern die höchste Erhebung in Nordfriesland – von einem echten Berg wagt keiner zu sprechen. Die Uwe-Düne bei Kampen auf Sylt kommt mit 52,5 Metern auf den zweitbesten Wert. Die Rantzauhöhe bei Stadum schafft 44,8 Meter. Und dann ist da der Stollberg, der zur Gemeinde Bordelum gehört. 43,4 Meter wurden gemessen. Trotzdem: Hier kommt man höher hinaus, hier ist die beste Aussicht.

Auf dem Gipfel des Stollbergs steht ein Fernmeldeturm mit einer öffentlich zugänglichen Plattform. 113 Stufen geht es nach oben. Man gewinnt so weitere 25 Meter an Höhe. 68,4 Meter über dem Meeresspiegel – das ist für Nordfriesland schon etwas ganz Großes!

Kühe grasen am Fuße des Fernmeldeturms. Kaum vorstellbar, dass vor wenigen hundert Jahren die Nordsee einmal am Fuße des Stollbergs leckte. Dann senkte sich der Meeresspiegel. Sinkstoffe setzten sich ab, es entstand fruchtbares Vorland. Man baute Deiche, um das neue Land vor weiteren Fluten zu schützen und es nutzen und besiedeln zu können. Ein Deich umschließt einen Koog; seit dem 15. Jahrhundert entstanden 16 Köge.

Rechts der Juliane-Marien-Koog und der Hauke-Haien-Koog. Unmittelbar vor uns der Sönke-Nissen-Koog mit den grünen Dächern seiner Gehöfte (siehe Ort 74). Links die Reußenköge und der Elisabeth-Sophien-Koog. Überall Windräder. Der Blick geht weiter hinaus aufs Meer. Die Hamburger Hallig ist mit 9,5 Kilometern Entfernung die nächste der Halligen. Die Hallig Hooge in 27 Kilometer Abstand ist am weitesten weg. Die Hallig Süderoog ist gar nicht zu sehen, sie wird von der Insel Pellworm verdeckt. Langeneß, Oland, Gröde, Habel, Nordstrandischmoor, Föhr, ein Zipfel von Amrum und eine Ecke von Sylt. Schöne Aussichten!

Adresse direkt an der B 5, 25852 Bordelum | **Anfahrt** B 5 von Husum nach Niebüll, drei Kilometer hinter Bredstedt auf der linken Seite, ist ausgeschildert | **Öffnungszeiten** ganzjährig | **Tipp** Am Fuß des Stollbergs entspringt auf der Brunnenkoppel der Kirchengemeinde Bordelum die sogenannte heilige Quelle. Vor 200 Jahren kamen Gläubige in Scharen, um im kleinen »Lourdes des Nordens« geheilt zu werden. Das rostrote Wasser, gefärbt von Eisenerz, wurde bis Hamburg verkauft.

11 Die bunten Badebuden

Hüttenzauber am Deich

Die »Papageien-Allee«, so werden die Buden auch genannt. Am grünen Badestrand neben dem Hafen von Dagebüll, wo die Strandkörbe auf der Wiese des Deiches stehen, schlängeln sie sich dicht an dicht die Biegung des Dammes entlang. Gelbe, rote, weiße, grüne, blaue Hütten aus Holz. Sie erinnern an Schrebergartenlauben. Am schönsten leuchten sie im milden Licht des Sonnenaufgangs und wenn sie untergeht.

Die bunten Badebuden sind acht Quadratmeter groß, mehr ist nicht erlaubt. Sie haben Türen an der Seite und Fenster zum Meer. Manche sind mit Gardinen verhängt. Etliche sind eingerichtet wie eine kleine Wohnung. Außerdem werden Liegestühle und Badeutensilien darin gelagert, auch der Grill hat hier seinen Platz. Manche Bude dient auch als Garage fürs Fahrrad. Im Frühjahr bringt der Gabelstapler die Buden und stellt sie an ihren angestammten Platz auf die Betonplatten am Deich. Im Herbst holt er sie wieder aber und schafft sie ins frostsichere Winterquartier.

Niemand weiß mehr so recht, wer die Badebunden erfunden oder zuerst aufgestellt hat. Eines Tages waren sie da, es soll im Jahr 1924 oder 1927 gewesen sein. Die einen sagen, dass sie damals die Umkleidekarren ersetzten, in denen man schicklich ins Badezeug schlüpfen konnte. Andere meinen, Bewohner aus dem Hinterland hätten sich einfach diese wind- und regenfesten Unterstände gezimmert. Mit dem Bau des neuen Klima-Deiches (siehe Ort 49) sollten die Buden verschwinden. Das haben die Dagebüller verhindern können.

Früher galt, dass die 90 Bretterhütten und das Recht auf einen Standplatz nur innerhalb der Besitzerfamilien vererbt werden durften. Wer heute eine der Unterkünfte ergattern möchte, muss sich auf eine Warteliste setzen lassen. Bedingung: Man wohnt in der Umgebung und kann sich gedulden – bis zu zehn Jahre und länger. Drei der Buden werden neuerdings auch an Touristen vermietet. Für höchstens drei Tage.

Adresse links vom Strandhotel vor dem Deich, 25899 Dagebüll, Tel. 04667/95000 (Touristeninformation) | Anfahrt von der L 9 oder L 191 im Kreisverkehr Richtung Dagebüll Hafen/Mole, vor dem Deich links in die Straße Am Badedeich, nach 200 Metern links ein Parkplatz (gebührenpflichtig) | Öffnungszeiten Die Badehäuschen werden im April auf- und im September abgebaut. | Tipp Von der gelben Aussichtsplattform am Fähranleger sind die Manöver der Schiffe nach Föhr und Amrum am besten zu beobachten.

12 Der Loren-Bahnhof

Früher musste geschoben werden

Das Tuckern kommt vom Meer, erst ist es leise, dann wird es lauter. Aber zu sehen ist nichts. Der Deich versperrt die Sicht. Jetzt schiebt sich eine Lore über die Deichkrone, macht eine Linkskurve und rollt die Schienen auf der Innenseite des Deiches hinab. Noch eine Rechtskurve, bremsen, Metall quietscht auf Metall. Endstation! Willkommen auf dem Bahnhof der Hallig-Loren!

Hier parken die privaten Loren der Bewohner der Halligen Oland und Langeneß. Die einspurige Lorenbahn über den schmalen Damm ist für sie die einzige fast stetige Verbindung zum Festland. Hier steigen sie in ihre Autos, um weiterzufahren zur Arbeit oder zum Arzt, hier steigen sie abends wieder auf ihre Loren, um zurück auf die Halligen zu kommen.

Teils sind die Loren einfache, offene Gefährte, nur mit Bänken bestückt. Andere haben geschlossene Aufbauten und sogar Scheibenwischer. Alle müssen mit Hupe und Licht ausgerüstet sein. An vielen hängen ausgediente Reifen oder Fender als Puffer, damit der Aufprall abgefedert wird, wenn sie zusammenstoßen. Der Bahnhof ist der Bauhof des Landesamtes für Küstenschutz, Naturpark und Meeresschutz. Vor fast hundert Jahren wurden Damm und Bahn zum Transport von Baumaterial zur Befestigung der Halligen gebaut. Dafür wird der Damm auch heute hauptsächlich genutzt. Die privaten Halligfahrten sind geduldet und nur außerhalb der Arbeitszeiten der Küstenschützer erlaubt. Fremde dürfen nur dann mitgenommen werden, wenn sie sich in einer Ferienwohnung auf Oland oder Langeneß einquartiert haben.

Neun Kilometer weit führen die Schienen bis Oland und darüber hinweg bis an die Ostseite von Langeneß. Die Spurbreite beträgt nur 90 Zentimeter – alles sieht aus, als habe Märklin hier etwas aufgebaut. Kleine Industriemotoren mit bis zu neun PS treiben die Loren an. Bis Mitte der 60er Jahre wurden die Loren gesegelt. Das ging natürlich nur in eine Richtung, zurück musste geschoben werden.

Adresse am Bauhof, 25899 Dagebüll | Anfahrt von der L 9 oder L 191 im Kreisverkehr Richtung Dagebüll Hafen / Mole, die dritte Straße links in den Halligweg, nach 200 Metern rechts (Hinweis Glascontainer), vor dem Bauhof parken, an der Schranke vorbei 300 Meter zu Fuß | Tipp In Sichtweite steht der alte Leuchtturm, jetzt ein MiniHotel mit Whirlpool für zwei Personen und garantiert ohne Nachbarn. Panoramablick über den Deich in 15 Metern Höhe. Das Frühstück wird auf die erste Treppenstufe gestellt.

13 Die Uthlande

Umweltfreundlich gleitet sie über versunkene Welten

Von den Schiffsmotoren ist nur ein Summen zu hören. Das Kreischen der Möwen, die tanzend der Fähre Uthlande folgen, ist lauter. Die kräftigen Propeller schäumen das Kielwasser auf. Je nach Sonnenstand hat es über dem Sandboden fast karibische Farben. Wie schwerelos gleitet der 76-Meter-Koloss mit nur 1,75 Meter Tiefgang von Dagebüll aus übers Wattenmeer, mit direktem Kurs auf Amrum. Links sind die Warften der Halligen Oland und Langeneß gut zu erkennen. Rechts schauen auf Föhr Reetdachgiebel hinterm Deich hervor.

Die Uthlande waren die Außenlande. Die Insel- und Halligenwelt Nordfrieslands, wie wir sie heute kennen, ist ja erst wenige hundert Jahre alt. Der Begriff hat sich gehalten, aber die meisten Uthlande sind im Meer versunken. Die beiden Groten Mandränken, die Marcellusflut von 1362 und die Burchardiflut im Jahr 1634, haben sie ausgelöscht.

Ihre Bewohner waren die »Königsfriesen«, Untertanen des dänischen Herrschers. Die Inseln des Außenlandes waren viel größer und viel näher am Festland. Harden hießen damals die Verwaltungsbezirke. Die Beltringharde, den Nordostteil der Insel Strand, hat sich das Meer geholt. Die Wiriksharde ist versunken. Und auch die Edomsharde einschließlich des legendären Handelsortes Rungholt ist untergegangen. Von der Harde Sylt ist ein kleiner Teil übrig.

Nach den Außenlanden ist die Fähre der Wyker Dampfschiff-Reederei (W.D.R.) benannt, die zwischen Dagebüll, Föhr und Amrum pendelt. Das Schiff ist eine sogenannte Doppelendfähre, sie muss im Hafenbecken nicht wenden. Die Uthlande und ihre Schwesterschiffe Schleswig-Holstein und Norderaue sind Pioniere im Umweltschutz auf See. Das Schiffsdesign schont Wasser und Untergrund, reduziert den Energieverbrauch. Die Motoren fressen kein Schweröl, die Abgasschlote rußen nicht. Die Schiffe sind nach den strengen Maßstäben des Umweltgütesiegels »Blauer Engel« zertifiziert.

Adresse Auf der Mole, 25899 Dagebüll, Tel. 04667/94030 (W.D.R.-Geschäftsstelle Dagebüll) | Anfahrt von der L 9 oder L 191 im Kreisverkehr Richtung Dagebüll Hafen/Mole, an Bord der Uthlande nach Föhr und Amrum | Öffnungszeiten Fahrzeiten nach Fahrplan unter www.faehre.de | Tipp Der Friedhof an der Dorfstraße im Ortsteil Dagebüll Kirche ist auf einer Erdaufschüttung, einer Warft, angelegt. So kann sich das Wasser die Toten nicht holen.

14 Das Eidersperrwerk

Einzigartig auf der Welt

Diese Wassermassen muss man gespürt haben, erst dann bekommt man eine Ahnung, welche Naturgewalten hier wirken. Also hinauf auf das begehbare Siel und hinunterschauen in die fünf 40 Meter breiten Kammern! Da rauscht und zischt und blubbert es, dass man laut werden muss, um noch gehört zu werden. Bis zu 50 Millionen Kubikmeter Wasser fließen hier bei jeder Tide in die Eider und zurück, wenn man sie ungehindert lässt.

Bis 1973 war das so, dann ging das Eidersperrwerk in Betrieb. Vorher konnten die Sturmfluten gewaltige Wassermassen in den Fluss drücken, der hier in die Nordsee mündet. Auch Orte weit im Hinterland wurden dann überschwemmt. Nebenflüsse der Eider wurden zu reißenden Hochwasserstrudeln. Zudem spülten die Fluten riesige Mengen Sand ins Mündungsgebiet. Bei der schweren Sturmflut 1962 mit zahlreichen Deichbrüchen sind in Schleswig-Holstein, Hamburg und Niedersachsen 340 Menschen ertrunken.

Das Eidersperrwerk hat das Land sicherer gemacht. Mit zehn mächtigen Hubtoren lässt sich der Zu- und Abfluss regulieren – oder das Meer komplett aussperren. Wenn ruhiges Wetter herrscht, bleiben alle Tore geöffnet, sodass Eider- und Nordseewasser ungehindert in beide Richtungen fließen können. Bei 80 Prozent der Tiden werden die Tore aber abgesenkt, das einströmende Wasser wird gedrosselt, weniger Sedimente werden in die Eider transportiert. Schon bei 200 Sturmfluten wurden alle Schotten dicht gemacht und so das Hinterland geschützt.

Sechs Jahre hat man an dieser Anlage gebaut, 87 Millionen Euro hat sie gekostet. Durch das Bauwerk führt ein 236 Meter langer Straßentunnel – Sperrwerk mit Tunnel, eine solche Konstruktion ist einzigartig auf der Welt. Auf einer Klappbrücke können die Autos die Schleuse überqueren, die der Schifffahrt das Passieren des Sperrwerks möglich macht. Und die Anreise auf die Halbinsel Eiderstedt ist mit der Fahrt übers Eidersperrwerk nun deutlich kürzer.

Adresse Eidermündung bei 25832 Tönning | **Anfahrt** von der B 202 ab Garding über L 241 und L 305 Richtung Wesselburen | **Öffnungszeiten** ganzjährig von außen zu besichtigen | **Tipp** Die Reederei Adler bietet ab dem Hafen Tönning oder ab dem Eidersperrwerk Fahrten durch die Eiderschleuse zu Seehundbänken an, Tel. 04651/9870888.

15_Das Katinger Watt

Für Vögel der Garten Eden, für uns ein Paradies

Lauschen, wenn Tausende Vögel die Flügel schwingen. Schauen und den Atem anhalten, wenn der Schwarm große Schatten wirft auf die Erde. Das kann man im Katinger Watt und auf den Eiderdammflächen. 31 Stufen geht es die Wendeltreppe hoch bis zur ersten Plattform auf dem hölzernen Beobachtungsturm. Noch einmal 14 sind es bis ganz nach oben. Durch Schlitze hat man eine gute Sicht auf das Vorland und den Katinger Priel. Die Vögel bemerken uns nicht, aber wir haben den besten Blick auf sie.

Vor dem Bau des Eidersperrwerks war diese Fläche Teil der Eidermündung, jetzt ist sie zu großen Teilen verlandet. Ein eigenständiger Naturraum hat sich entwickelt, ein Mosaik aus Feuchtwiesen, Tümpeln, Grünland, Blumenteppich und Wald. Ein Garten Eden für Vögel, das Katinger Watt zieht sie magisch an. Ein Paradies auch für Vogelbeobachter. Das Grünland auf den Eiderdeichflächen wird naturschonend bewirtschaftet. Die Wiesen werden erst nach der Brutzeit der Vögel gemäht, und die Vogelküken können hier in der Blütenpracht der Blumen, welche die Insekten anlocken, fabelhaft nach Nahrung suchen.

Das übersichtliche Katinger Watt ist auch Landeplatz der Rastvögel. Ein besonderes Erlebnis ist die Ankunft der Nonnengänse Anfang Oktober. In Sibirien, Grönland und Spitzbergen haben sie gebrütet. Jetzt wollen sie nach anstrengender Reise in Nordfriesland überwintern. Der Rundumblick im Watt bietet den Vögeln Sicherheit. Einer der lang gestreckten Hälse wird bestimmt den herannahenden Seeadler entdecken. Ein Flügelschlag des Wachpostens – und der Schwarm fliegt in Sekundenschnelle davon.

Nonnengänse erkennt man leicht an ihrem weißen Kopf, dem schwarzen Hals und dem schwarz-grau-weißen Gefieder. Wenn sie ankommen, fallen sie müde aus dem Himmel in das Grünland und fressen tagelang schweigend, was sonst gar nicht ihre Art ist. Es können über 15.000 Nonnengänse gleichzeitig sein.

Adresse Eidermündung bei 25832 Tönning | **Anfahrt** vom Eidersperrwerk (siehe Ort 14) auf der L 305 Richtung St. Peter-Ording, nach zwei Kilometern rechts ein Parkplatz, von hier aus 500 Meter auf schönem Wiesenweg bis zum Naturbeobachtungsturm | **Öffnungszeiten** ganzjährig | **Tipp** 1.500 Meter weiter Richtung Norden liegt rechts das Naturzentrum Katinger Watt, ein Informationszentrum des Naturschutzbundes Deutschland (April – Okt. täglich 11 – 17 Uhr, Tel. 04862/8004). Führungen werden angeboten. Die Naturschützer wissen auch, wo der Seeadler brütet.

16 Das Jens-J.-Lützen-Haus

Heimatkunde mit Hans Werner Paulsen

Besser war es, vorher anzurufen. Wenn Hans Werner Paulsen daheim war, kam er sofort die Treppe herunter, sperrte das Jens J. Lützen-Haus auf. Und eröffnete eine unwiderstehliche Welt. Kaum ein Quadratzentimeter an den Wänden der drei Räume, der nicht mit einem Foto aus alten Zeiten, mit einem Gemälde oder einer Urkunde behängt ist. Dazwischen Gerätschaften früheren bäuerlichen Lebens und lederne Löscheimer der Feuerwehr. In Körben Scherben, die Hans Werner Paulsen auf Äckern gefunden hat. Aus einer Schachtel holte er den linken Lendenwirbelfortsatz eines kleinen Wals, der hier gelebt haben muss, als über Fahretoft noch Wasser stand.

Hans Werner Paulsen nahm sich viel Zeit, die sollte auch der Besucher mitbringen. Denn zu jedem Bild, zu jedem Fundstück hatte Hans Werner Paulsen, den alle Pauli nannten, eine Geschichte zu erzählen. Wer etwas über Nordfriesland und seine Menschen erfahren wollte, musste Pauli fragen. Das Jens J. Lützen-Haus war sein privates Heimatmuseum. Vor Kurzem ist der Pauli gestorben. Alle hoffen, dass es mit dem Museum weitergeht.

Jens J. Lützen hieß ein Bauer, der vor 300 Jahren die Voltswarft bewohnt hat. Daher der Name des Museums. Über ein halbes Jahrhundert lebte auch Hans Werner Paulsen hier. Auch er war Landwirt, dann Krankenpfleger. All die Zeit hat er gesammelt, gestöbert, gebuddelt, sortiert. Pauli erzählte von den Mühen der Landgewinnung und deutete auf die Bilder. Er kannte die Geschichte aller Gehöfte in der Region. Die der Kirche und ihrer Pastoren. Die vom Armenhaus und was im Gefängnis vor sich ging. In einer Vitrine liegen Steinbeile, die er bei Aushubarbeiten gefunden hat. Archäologen haben ihr Alter auf 6.000 Jahre datiert. In Gurkengläsern verwahrte der Museumsdirektor Salzasche und berichtete aus der Zeit, als die Salzbrenner Torfschollen auskochten, um Salz zu gewinnen.

Erst wenn alles erzählt war, sperrte der Pauli wieder zu.

Adresse Voltswarft 1, 25899 Fahretoft, Tel. 04674/203 | Anfahrt vom Holländerdeich in die Hans-Momsen-Straße, nach 150 Metern rechts in die Straße Hans-Momsen-Siedlung, auf der linken Seite | Tipp Gegenüber der Sankt-Laurentius-Kirche steht das Hans-Momsen-Haus. Der berühmte Mathematiker und Astronom (1735–1811) hat hier gelebt. Das Haus mit Café ist liebevoll hergerichtet (geöffnet So 14–17 Uhr).

17 Das Inselgestüt

Trakehner-Schecken mit internationalem Ruf

Den Duft der für die Inseln so typischen rosafarbenen und violetten Heckenrosen in den Nüstern und gesunde Nordseeluft um die Ohren – ein Pferdeleben auf den saftigen Marsch-Weiden von Föhr muss ein glückliches sein. Sieht man den Jungpferden von Renate Christiansen zu, die übermütig auf dem endlosen Grün herumtollen, kann daran kein Zweifel bestehen.

Föhr hat 850 PS, so viele Stuten, Hengste, Wallache grasen auf der Pferdeinsel des Nordens. In Alkersum leben 430 Menschen und rund 200 Pferde, 100 davon bei Renate Christiansen. Hier betreibt sie den Reiterhof und das Inselgestüt Christiansen. Sie züchtet Pintos, gibt Reitunterricht, reitet mit Urlaubern übers Watt. Internationalen Ruf hat das Gestüt aber als Zuchtstätte von Trakehner-Schecken. Warmblutpferde sind sonst einfarbige Tiere. Trakehner-Schecken sind bunt, braun-weiß oder schwarz-weiß gezeichnet. Seltene Pferde.

Die Industriekauffrau und Pferdepflegerin Renate Christiansen kam 1971 aus Düsseldorf nach Föhr, eigentlich um Urlaub von Pferden zu machen. Doch es kam anders. »Ich sah diese braune Scheckstute auf einer Weide. Dieses Pferd zog mich magisch an.« Auf Tamira ist Renate Christiansen dann in den Ferien geritten, und in ihren Besitzer hat sie sich auch gleich verliebt. Sie gründeten das Inselgestüt und heirateten, bekamen fünf Kinder.

Heute führt Renate Christiansen das Gestüt allein. Sie hat sich auf die Zucht der Trakehner-Schecken spezialisiert, von denen es in Ostpreußen einige gab, die aber durch die Kriege nahezu ausgestorben waren. Der schwarz-weiße Camaro war ihr Vorzeige-Pferd, im Pferdestammbuch Schleswig-Holstein / Hamburg als Elitehengst eingetragen. Sieben seiner Söhne sind selbst für die Zucht zugelassen. 50 Töchter hat er gezeugt. Seit 2020 ist Camaro im Pferde-Himmel. Aber sein Nachwuchs tobt sich aus auf Renate Christiansens Koppeln. »Mein Traum ist noch nicht zu Ende geträumt.«

Adresse Kirchweg 9, 25938 Alkersum, Tel. 04681/3967 | Anfahrt vom Oberweg in den Kirchweg, nach 300 Metern auf der linken Seite | Öffnungszeiten nach Voranmeldung | Tipp Das »Museum Kunst der Westküste« an der Hauptstraße in Alkersum zeigt in Wechselausstellungen Motive mit Meeresbezug, darunter Bilder von Max Liebermann, Emil Nolde, Edvard Munch (www.mkdw.de). Auch einen Besuch wert: Museumscafé und Restaurant »Grethjens Gasthof«.

18 Die Lembecksburg

Von der List mit der verkleideten Kuh

Ein Schlitzohr war er schon, der Ritter Klaus Limbeck. Wenn stimmt, was man sich erzählt. Im Jahr 1362 hatte der dänische König Waldemar Atterdag dem Ritter die Inseln Föhr, Sylt und Amrum als Lehen gegeben. Aber Klaus Limbeck führte sich auf wie ein Tyrann. Dem König blieb keine Wahl, er zog mit einem Heer nach Föhr, um den Ritter aus seiner Burg zu vertreiben. Die Insulaner hatte der König auf seiner Seite, und Limbecks Lage war eigentlich aussichtslos. Aushungern wollte der König die Burgbewohner, dann würden diese sich schon ergeben.

Eine Kuh hatte Klaus Limbeck noch. Die ließ er auf dem Burgwall grasen. Dann wurde die Kuh mit den Fellen längst geschlachteter und verspeister Tiere verkleidet und wieder auf den Wall geschickt. Das ging so einige Male rauf und runter. Die Belagerer sollten glauben, der Ritter habe noch Nahrung und Schlachtvieh genug. Dann würde er schon wieder abziehen, der König.

Von dieser Festung, der Lembecksburg, ist bei Borgsum noch ein kreisförmiger Ringwall zu sehen. 450 Meter im Umfang, 95 Meter im Durchmesser, acht Meter hoch. Zum Süden ist der Wall offen, hier muss ein Tor gewesen sein. Bei Grabungen hat man Webgewichte, Eisengeräte, Speckstein und Reste von Hütten gefunden. Demnach diente die Burg schon im 9. oder 10. Jahrhundert den Wikingern als Schutz. Dass die Insel schon früher besiedelt war, belegen Funde aus der Jungsteinzeit (2.500 Jahre vor Christus), lange bevor im 7. Jahrhundert die Friesen kamen. Der Burgwall liegt heute genau auf der Linie zwischen den Türmen der Kirchen Sankt Johannis in Nieblum und Sankt Laurentii bei Süderende.

Der König übrigens hat sich dann doch nicht täuschen lassen. Er befahl, die Burg zu erstürmen, aber der unedle Ritter bekam das mit. In der Nacht bestieg er ein Boot und ruderte über einen Priel in die Freiheit. Damals war Föhr noch nicht eingedeicht. Der Wasserlauf führte direkt bis zum Meer.

Adresse nordwestlich von 25938 Borgsum | Anfahrt auf der Rundföhrstraße Richtung Utersum, am Ortsausgang von Borgsum die letzte Straße rechts ab in den Borigwoi, noch 600 Meter | Tipp Zurück Richtung Nieblum, vor Goting ganz scharf rechts: Jetzt ist man auf der Traumstraße. Leicht hügelig führt sie am Vogelschutzgebiet vorbei und bietet herrliche Aussichten auf Watt und Dünen.

19_Der Dorfplatz

Sich im Rosengarten wohlfühlen und erholen

Oevenum ist eine Inselschönheit. Reetdächer, kleine Winkel – romantisch wie eine Filmkulisse. Ein nettes friesisches Dorf. Oevenum erkundet man am besten zu Fuß. Vorbei an Kapitänshäusern, blühenden Gärten, prachtvollen alten Scheunen. Es sieht so aus, als setzten die Oevenumer alles daran, im schönsten Dorf Nordfrieslands zu leben.

Den Dorfplatz an Dörpstraat und Karkenstieg haben sie neu angelegt. Ein Brunnen plätschert in seiner Mitte. Die Rosenpracht ist überwältigend. Bänke im Schatten der Bäume laden zum Pausemachen ein. Im Spritzenhaus daneben ist eine Ausstellung über die Geschichte des Ortes und die der freiwilligen Feuerwehr zu sehen. In Oevenum wurde 1882 die erste Jugendfeuerwehr Deutschlands gegründet, vermutlich auch die erste Europas. Hier ist auch das Oevenum-Lied dokumentiert, das mit den Zeilen beginnt: »Als in de ganze Welt bekannt / Kridde widd widd Bum Bum / Läggt Oevenum midd in Föhring Land / Kridde widd widd Bum Bum.« Auf der anderen Straßenseite soll es in Krögers Dörpskroog die besten Muscheln der Insel geben.

Am Dorfplatz hat früher das alte Schulhaus gestanden. Die Glocke auf dem Dach ist nach 1796 angeschafft worden. Damals hatte es nachts im Nachbarort Nieblum gebrannt, 23 Häuser gingen in Flammen auf. Aber die Oevenumer hatten davon nichts mitbekommen. So beschlossen sie, eine Glocke anzuschaffen, um die Bürger alarmieren zu können. Sie läutete nun jeden Morgen bei Schulbeginn, mittags um zwölf und ganz schnell bei Feuer und Sturmflut. Vor einigen Jahren hat man die Glocke restauriert. Damit sie läuten kann, wenn ein Dorfbewohner zu Grabe getragen wird.

Lorenz Conrad Peters (1885–1949) stammt aus Oevenum. Er gilt als einer der bedeutendsten Dichter Nordfrieslands, die Komödie »Oome Peetje ütj Amerika« (Onkel Peter aus Amerika) hat er geschrieben.

Adresse gegenüber Krögers Dörpskroog, Dörpstraat 24, 25938 Oevenum | Anfahrt von Wyk nach Alkersum, rechts ab in die Dörpstraat nach Oevenum, nach 1.500 Metern auf der linken Seite | Tipp In der Buurnstraat an der Friedenseiche, 1870 gepflanzt, stehen Picknicktische im Schatten.

20_Stellys Hüüs

Bratapfel und Rooibostee in der Töpferei

Oldsum steht nicht unbedingt auf der To-do-Liste eines jeden Föhr-Besuchers. Das Friesen-Bauern-Künstlerdorf ist etwas abgelegen im Nordwesten der Insel. Und wer weiß schon, dass die Verlegerin und Milliardärin Friede Springer aus Oldsum stammt? Oldsum links liegen zu lassen wäre aber ein Fehler. Schon allein wegen Stellys Hüüs.

Was ist das hier? Ein Museum? Ein Café? Ein Teeladen? Eine Töpferei? Stellys Hüüs ist ein ungewöhnliches Haus. Man betritt es durch den Blumengarten, aus den Küchenfenstern duftet es im Sommer nach frischen Waffeln. Schon steht man mitten in der Töpferei, überall Tassen, Becher, Schalen. Viele bunt bemalt, andere noch unbehandelt frisch aus dem Trockenofen. Der steht in der Ecke, und wenn man Glück hat, kann man davor die Künstlerin Annetta König beim Töpfern erleben. Vielleicht von dem Sofa aus, das mit rotem Samt bezogen ist. An den Wänden und unter der Decke allerlei Antiquarisches. Ein Puppenwagen aus ganz alten Zeiten, Bettwärmer, Waagen vom Kaufmann. Wer mag, kann sich hier auch durch die Teesorten schnuppern. Durch Rooibosvariationen, Kräutertees, Früchtemischungen. Rechts die zwei Gasträume. Kuschelig, heimelig. Besonders, wenn draußen der Nordostwind pfeift. Und wieder ist jeder freie Platz mit alten Kuriositäten dekoriert, manches ist auch schöner Kitsch.

Der Vermessungsingenieur Rolf Stelly hat vor vielen Jahren mit seiner Sammlung aus Erinnerungs- und Fundstücken begonnen. Seit mehr als vier Jahrzehnten ist die alte Scheune des Friesenhauses Töpferei. Wo vorher gute Stube und Schlafgemach waren, ist jetzt das Café eingerichtet. Annetta König ist Rolf Stellys Tochter, Annika König seine Enkelin. Sie führt das Café. Ein Familienbetrieb. Der Blaubeerkuchen und die Stachelbeer-Baisertorte sind die Renner. Im Winter ist es der Bratapfel, gefüllt mit Marzipan und Pflaumen, obendrauf ein Klecks Vanilleeis, Sahne und Zimt.

Adresse Haus 38, 25938 Oldsum, Tel. 04683/306 | **Anfahrt** von Toftum auf der L 241 in die Straße Nei Wai, in der Linkskurve rechts, auf der rechten Seite, Parkplatz in der Nähe | **Öffnungszeiten** Fr–Mi 12–14 Uhr und 17.30–21 Uhr | **Tipp** Ein »Historischer Spaziergang« führt zu den interessantesten Friesenhäusern in Oldsum. Zu »Kaufmann Rickmers« (Haus Nr. 76), dessen Krämerei man durch die Küche betreten musste. Oder zum »Glücklichen Matthias« (Haus Nr. 59), der ein berühmter Walfänger war.

21 Die Godelniederung

Hier endet der einzige Süßwasserfluss der Inseln

Zugegeben: Mit 1,5 Kilometern ist dieser Fluss nicht besonders lang. Die Godel entsteht durch den Zusammenfluss einiger Priele etwa beim Salwert, der mit elf Metern höchsten Erhebung von Föhr. Der Fluss schlängelt sich durch die südlichen Marschen und ergießt sich bei Witsum schon wieder ins Meer. Die Godel ist der einzige Süßwasserfluss der nordfriesischen Inseln.

Das Mündungsgebiet, die Godelniederung, steht unter strengen Naturschutzauflagen. Die Gezeiten haben hier ein einmaliges Biotop geschaffen. Bei Ebbe kann die Godel ungehindert in die Nordsee fließen, bei starkem Hochwasser aber und bei Sturmfluten dringt Meerwasser weit in das Flussbett. Die Godel flüchtet ins Hinterland. Süßwasser und Meerwasser mischen sich. Brackwasser tränkt die Niederung. In diesen Lagunensalzwiesen haben sich Pflanzen entwickelt, die sowohl mit dem Meerwasser wie mit dem süßen Regen klarkommen. Strandastern, Tausendgüldenkraut, Schmächtiger Dünnschwanz, Strandgrasnelken. Auch an den Mittelstreifen der Autobahnen sind sie zu sehen, wenn dort im Winter Salz gestreut wurde.

Der Queller, die einzige Salzwiesenpflanze, die ohne Salz gar nicht leben könnte, ist sowieso überall. Andere Pflanzen werfen Blätter ab, um Salz, das sie aufgenommen haben, loszuwerden, der Queller speichert es. Nach sechs Monaten stirbt die Pflanze. Der junge Queller, fleischig und knackig grün, ist essbar und lecker. In den Niederlanden kann man ihn im Supermarkt kaufen. Als Beilage zu Fisch wird er geschätzt.

Der Sandhaken an der Mündung der Godel, etwas höher gelegen, reicht weit ins Watt. Pfahlreihen sollen ihn sichern, aber bei Sturmfluten holt sich das Meer viel Sand. Hier brüten Zwergseeschwalben, Sandregenpfeifer, Säbelschnäbler. In der Vogelzugzeit landen Zigtausende Knutts, Ringelgänse, Alpenstrandläufer, bevor sie nach Skandinavien oder Südafrika weiterziehen.

Adresse südlich von 25938 Witsum | Anfahrt von der Traumstraße Richtung Hedehusum rechts ab in die Straße Ban Taarep, nach 30 Metern geradeaus in die Straße Taft, nach 200 Metern Brücke über die Godel | Tipp Die Traumstraße führt weiter nach Utersum. Der Sonnenuntergang am breiten Strand ist wirklich etwas Besonderes. Die Amrumer Odde, der nördlichste Zipfel der Insel Amrum, ist zum Greifen nah.

22 Die Boldixumer Entenkoje

Nichts zum Kuscheln, aber zum Jagen

Hört sich nicht gut an, soll aber die sanfteste Art sein, eine Ente zu töten, und ist mit dem Tierschutz vereinbar: das Wringeln. So sagt es das Gutachten eines Veterinärmediziners der Universität Hannover. Dabei bricht man der Ente mit einem Schleudergriff das Genick. Durch diese blitzschnelle Halswirbelsäulenfraktur mit Durchtrennen des Rückenmarks gleite die gewringelte Ente aus der sofortigen Bewusstlosigkeit schmerzfrei in den Tod. Das meint die Wissenschaft.

Auf den nordfriesischen Inseln wurden in den vergangenen Jahrhunderten Millionen Spießenten, Pfeifenten, Krickenten nach diesem Verfahren getötet. Die Wildentenjagd machte satt und war lukrativ. Das Entenfleisch wurde als Wintervorrat eingepökelt oder verkauft. Massenfanganlagen waren dafür nötig, die sogenannten Entenkojen. Sechs davon hat es auf Föhr gegeben, vier sind noch in Betrieb, es werden aber nur wenige hundert Tiere damit im Jahr gejagt. Die Boldixumer Entenkoje kann als Kulturdenkmal besichtigt werden. Eine solche Eendenkoii ist ein quadratischer oder sechseckiger Süßwasserteich inmitten eines Wäldchens aus Erlen, Ulmen, Birken, Pappeln. Von dem Teich gehen vier bis sechs leicht gebogene, sich verengende Wassergräben ab. Das sind die Fangpfeifen. Sie sind zur Teichmitte offen und mit Draht überspannt. Reetschirme an den Seiten sollen dem Kojenwärter Deckung geben. Wenn nun die Wildenten auf dem Teich wassern, werden die Tiere mit kopierten Artgenossen und Futter in die Fangpfeifen gelockt. Am Ende der Fanganlage werden sie gewringelt.

Früher hatte der Kojenwärter zwischen August und Dezember so viel zu tun, dass er im Kojenhaus wohnte. Die Kojenbesitzer versorgten ihn täglich mit einer warmen Mahlzeit und frischem Wasser. Bis 1931 gab es auf Föhr eine Entenkonservenfabrik. In einer einzigen Koje sollen in einer Saison 65.000 Enten gefangen worden sein.

Adresse im Norden von 25938 Wyk | Anfahrt von der Dörpstraat im Ortsteil Boldixum in die Siedlerstraße, drei Kilometer geradeaus, in der Linkskurve weiter geradeaus über den Feldweg, nach 800 Metern auf der rechten Seite | Öffnungszeiten April–Okt. Mo–Fr 10–12 Uhr | Tipp Ein Blick über den Deich lohnt sich. Vielleicht ist auch der Vogelwart mit seinem Bauwagen da.

23 Winnetous Garage

Hier schrieb der König von Deutschland »Junimond«

Musiker wie Herbert Grönemeyer, Nena, Xavier Naidoo fühlten sich von ihm inspiriert. Rio Reiser war eine der einflussreichsten Persönlichkeiten der Deutsch-Rock-Szene. Mit wortgewaltigen, aber auch zärtlichen Liedern war er Sprachrohr einer Revolte, welche die politische und auch die zwischenmenschliche Situation der 70er und 80er Jahre anprangerte. Unvergessen die Titel »Keine Macht für niemand«, »Macht kaputt, was euch kaputt macht« und die Hausbesetzer-Hymne »Rauch-Haus-Song«, die er mit der Band Ton Steine Scherben aufnahm. Der größte Erfolg seiner anschließenden Solokarriere war »König von Deutschland«.

Als der Texter, Komponist, Sänger und Schauspieler und die Ton Steine Scherben genug hatten vom aufgeheizten Berlin, zog es sie in die ländliche Stille von Fresenhagen. In einem alten Friesenhof richteten sie ein Tonstudio ein. In der Scheune dahinter, die sie Winnetous Garage nannten, probten sie und gaben Konzerte. Hier schrieb Rio Reiser »Junimond«. Hier ist er am 20. August 1996 jung gestorben. Unter einem Apfelbaum im Garten wurde er beerdigt. Heide Simonis, damals Ministerpräsidentin von Schleswig-Holstein, hatte es erlaubt.

Das Rio-Reiser-Haus, wie der Hof fortan hieß, wurde ein mythischer Ort. Pilgerstätte für alle Rio-Fans. Gästezimmer wurden eingerichtet, benannt nach Rio-Songs. »Heute Nacht« oder »Lass uns ein Wunder sein«. Kleine Festivals fanden statt. Rios Brüder Gert und Peter richteten ein Museum ein. Aber sie konnten den Hof nicht halten. Das Anwesen wurde an eine Jugendhilfeeinrichtung verkauft. Auch Rio Reiser musste sein Grab verlassen. Der Grabstein in Form eines Herzens zog mit nach Berlin. Das Heim für schwer erziehbare Jugendliche wurde 2012 geschlossen. 18 Zimmer, 600 Quadratmeter Wohnfläche. Ein Grundstück so groß wie zwei Fußballplätze. Unternehmer aus Westdeutschland haben den Hof ersteigert. Ferienwohnungen werden vermietet.

Adresse Fresenhagen 11, 25917 Stadum | Anfahrt von der B 199 Richtung Leck, nach 1.500 Metern nach Ortsausgang Stadum rechts abbiegen Richtung Fresenhagen/Golfplatz, nach 1.500 Metern auf der rechten Seite | Tipp Südlich von Fresenhagen auf der anderen Seite der B 199 liegt die Rantzauhöhe. Mit 45 Metern ist sie drittgrößte Erhebung in Nordfriesland.

24 Die Kolonisten-Eiche

Sie erinnert an die Armut der Siedler

Sie kamen zu Fuß aus Baden-Württemberg, Bayern, der Pfalz, Brandenburg, Mecklenburg und Preußisch Polen. Hatten nur ihre Kleider am Leib und etwas persönliche Habe. 500 Familien, 4.000 Menschen. Bis zu sieben Wochen waren sie unterwegs. Ein besseres Leben war ihnen versprochen worden. Tatsächlich wurden es für viele von ihnen Jahre in bitterster Not.

Der dänische König Friedrich V., Landesherr von Schleswig und Holstein, hatte angeordnet, die brachliegenden Heide- und Moorgebiete urbar zu machen. Dazu ließ er die Siedler anwerben. Sie sollten die Böden kultivieren und waren als Steuerzahler willkommen. Ein Haus wurde versprochen, ein eigenes Stück Land. Jeder Hof sollte einen Zugochsen erhalten, eine Milchkuh, zwei Schafe. Einen Pflug und eine Egge, Saatgut und Brennholz. 1760 kamen die Ersten, 1765 die Letzten.

In 47 Kolonien sollten sie angesiedelt werden. Man nannte sie die Kolonisten. Als aber der erste Treck das Siedlungsgebiet erreichte, war mit dem Bau der Häuser noch gar nicht begonnen worden, die Menschen mussten in Erdhütten hausen. Das Urbarmachen von Heide und Moor war mühsam, und anfangs brachten die Äcker keine Erträge. Die Kolonisten hungerten, ernährten sich von Wildpflanzen. Durch Kochen befreiten sie Eicheln vom Bitterstoff, mahlten diese und mischten sie Brot und Grütze bei.

Einige Siedler wurden nach kurzer Zeit fortgeschickt, weil die Herren mit deren Arbeit nicht zufrieden waren. Andere gaben auf. Sie gingen zurück in die Heimat oder folgten dem Ruf der russischen Zarin Katharina der Großen. Sie siedelten an der Wolga, am Don, in Lettland und am Schwarzen Meer. Denen, die blieben, ist der sogenannte Kolonisten-Stein gewidmet. Auf ihm stehen die Namen der Siedler, die das Land fruchtbar machten. Die Kolonisten-Eiche ganz in der Nähe im Kolonistenweg ist etwa 265 Jahre alt. Sie soll von den ersten Kolonisten gepflanzt worden sein.

Adresse Kolonistenweg 13, 24876 Hollingstedt | Anfahrt von Treia vier Kilometer auf der L 29 Richtung Hollingstedt, links Richtung Friedrichsfeld (ist ausgeschildert) | Tipp Pauk-Unterricht mit Rohrstock, Gebet und dem Lied zu Kaisers Geburtstag: Das Schulhaus von 1876 im nahen Hollingstedt, Klues 1, und die Lehrerwohnung sind heute ein Museum (Tel. 04627/712, geöffnet Mai – Sept. Mi 16 – 18 Uhr).

25 Der Brunnen am Markt

Ein plattdeutsches Plädoyer für das Wasser

Klaus Groth (1819–1899) predigte eindeutig Wasser und keinen Wein. Der Schriftsteller verfasste die Verse, die den Pumpenbrunnen auf dem Marktplatz von Friedrichstadt schmücken. »Drink all Dag Water / und halt sik rein / sowad sik de Engeln / in Himmel frein.« Das versteht auch, wer nicht des Niederdeutschen mächtig ist. Hier wird es schwieriger: »En olle smutterliche Jungfer / un en ruppigen Gesell / ward noch mal so munter / un noch mal so hell / dor se flietig bruken / disse reine Quell.« Um auch dies übersetzen zu können: »smutterlich« bedeutet »schmuddelich«, und »flietig bruke« meint »fleißig brauchen / nutzen«.

Der Brunnen wurde 1879 aufgestellt. Die Schwengelpumpe wird von einem reich verzierten Brunnenhäuschen geschützt. An allen vier Giebeln sind die Wasser-Sprüche des Dichters Groth verewigt. »Frisch Water ut den Sood / is vör alle Wehdag god / Water rein un hell / is de wahre Lebensquell«, heißt es noch. Und: »He Suput, kum he hier rup / und drink he sik voll / Datt hier is en Quikborn / makt satt un nich dull.« Zum besseren Verständnis: »Sauberes Wasser aus der Zisterne / ist für alle Wehwehchen gut / Wasser rein und hell / ist die wahre Lebensquelle / He, komm herauf / und trink so viel Du kannst / Das hier ist eine sprudelnde Quelle / sie macht satt und nicht betrunken.«

»Quikborn« heißt auch die wichtigste Gedichtsammlung von Klaus Groth. Alles, was er schrieb, dichtete er in Plattdeutsch. Das war damals die Sprache der einfachen Leute, wurde aber immer mehr vom Hochdeutschen verdrängt. Um diese Menschen nicht auszugrenzen, beharrte Groth auf dem Niederdeutschen.

Treppengiebelhäuser wie in Amsterdam säumen den Marktplatz. Friedrichstadt wurde ab 1621 von holländischen Einwanderern aufgebaut, Remonstranten, die wegen ihres Glaubens in Holland verfolgt wurden. Sie bauten so, wie sie es kannten. Mit Grachten und rechtwinklig angelegten Straßen.

Adresse Am Markt, 25840 Friedrichstadt, Tel. 04881/93930 (Touristeninformation) | Anfahrt von der B 202 in die Straßen Eiland und Fürstenburgwall, links in die Prinzeßstraße bis Ecke Ostermarktstraße | Tipp Ein gutes Fotomotiv ist das weiße Doppelgiebelhaus Prinzenstraße 23 aus dem Jahr 1624. Es steht so schief, dass man fürchtet, es fällt gleich um.

26 Die Holländische Stube

Hier wurden die Buddenbrooks verfilmt

Dieses Treppengiebelhaus am Mittelburgwall ist eines der ältesten Kaufmannshäuser von Friedrichstadt, es soll während der Gründungszeit gebaut worden sein. Also zwischen 1621 und 1625, als der Herzog Friedrich III. am Zusammenfluss von Treene und Eider seine Handelsmetropole aus dem Sumpf stampfen ließ. Dafür hatte er die Remonstranten angeworben, die wegen ihres Glaubens aus Holland flüchten mussten. Sie sind noch heute in Friedrichstadt eine aktive Glaubensgemeinschaft. Ihre Kirche in der Prinzeßstraße ist die einzige dieser Religion außerhalb der Niederlande. »Holländerstadt« wird Friedrichstadt auch genannt.

Das Treppengiebelhaus mit den roten Ziegelsteinen ist seit 1963 die Holländische Stube, ein Restaurant und Café. Das Haus hat eine bewegte Geschichte. Im 17. und 18. Jahrhundert hat die Mennoniten-Familie Ovens hier gewohnt, ihre Mitglieder waren Ratsherren und Bürgermeister. 1795 lebte der spätere französische König Louis Philippe in diesem Haus, sogenannten höheren Töchtern soll er Geigen- und Tanzunterricht gegeben haben. Der Friedrichstädter Senat tagte in der »Regentenkamer«, und 150 Jahre lang war hier die Familie des Eisenwarenhändlers Hinrich Neber zu Hause, weshalb das Gebäude auch Neberhaus genannt wird. Vieles der ursprünglichen Einrichtung ist erhalten. Die »Regentenkamer«, heute Gaststube, ist besonders repräsentativ. Die Täfelung fällt auf, der Boden aus schwarzem Schiefer und weißem Marmor. Die Ofenplatte am Kamin stammt aus dem Jahr 1618. Eine steile Stiege führt zur »Upkamer«, im viel zu kurzen Schrankbett haben früher fünf Menschen nebeneinander in der Hocke geschlafen. Überall Antiquitäten und Delfter Kacheln.

So viel ist originalgetreu, dass dieses Haus beste Kulisse für Szenen der elfteiligen Buddenbrooks-Verfilmung war, die 1979 im deutschen Fernsehen lief. Mit Ruth Leuwerik, Rolf Boysen und Martin Benrath als Konsul Buddenbrook.

Adresse Am Mittelburgwall 24–26, 25840 Friedrichstadt, Tel. 04881/93900 | Anfahrt von der B 202 in die Straßen Eiland und Am Binnenhafen, dann rechts in die Westmarktstraße bis zum Marktplatz, jetzt über die Brücke auf die andere Seite der Gracht, dann rechts | Öffnungszeiten Do 17.30–22 Uhr, Fr–Di 12–22 Uhr | Tipp Zurück über die Gracht, dann rechts: Hinter dem stadtgeschichtlichen Museum »Alte Münze« liegt umgeben von Wohnhäusern der Friedhof der Mennoniten. 36 Grabsteine lehnen an einer Ziegelmauer.

27_Der Landladen

Einkaufen im historischen Haubarg

Stauden, Blumen, Gartenaccessoires. Was vor dem Landladen Kühl aufgebaut ist, ist für jeden Landhausfreund ein Vergnügen. Hinter der grünen Klönschnack-Tür die Abteilung für Leckerschmecker: frisches Lammfleisch, Eier vom Hof und Eierlikör, Gelees von Fliederbeere bis Apfel-Zimt, Honig regionaler Imker, Erdbeeren und Kirschen aus eigenem Anbau (in der Saison).

Der Landladen ist in dem historischen Haubarg von Obstbauer Ernst Mewes Kühl untergebracht. Der Haubarg war bis ins späte 19. Jahrhundert das typische Bauernhaus auf der Halbinsel Eiderstedt, heute sind nur noch 40 Höfe erhalten. Westfriesische Einwanderer haben diesen Bautyp heimisch gemacht. Ein Haubarg ist mächtig groß und vor allem hoch. Dieser misst bis zum First 16,5 Meter. Die Reetdachfläche umfasst 1.300 Quadratmeter, mehr als drei Basketballfelder. Das Reet zu erneuern, den Haubarg zu erhalten, das kostet ein Vermögen.

Ein Haubarg ist eine Balkenkonstruktion auf Holzständern. Vier, sechs oder acht können es sein, die durch Pfetten verbunden sind. Tragende Wände gibt es nicht. Die Bauweise macht das Gehöft stabil gegen Sturm und Sturmfluten. Selbst wenn das Wasser die Mauern eindrückt, bleibt die Grundstruktur unbeschädigt. Im Zentrum hat man das Getreide gestapelt, es konnte auch im Winter gedroschen werden. Rundherum waren die Ställe für Pferde und Kühe, Lagerflächen, die Wohnstube des Bauern und die Verschläge fürs Gesinde angeordnet. Menschen und Tiere lebten unter einem Dach. Der Haubarg von Ernst Mewes Kühl ist mit Baujahr 1841 einer der jüngsten. Er ist ein Sechs-Ständer-Haubarg. Der Obstbauer führt den Hof in der vierten Generation.

Das Wort Haubarg bezeichnet einen Ort zum Bergen von Heu. Das ist die eine Deutung des Namens. »Beim Dreschen wird das Getreide gehauen. Und was gehauen ist, wird geborgen«, so hat's Ernst Mewes Kühl vom Großvater gelernt.

Adresse Hülkenbüll 2, 25836 Garding, Tel. 04862/339 | Anfahrt von der B 202 in Garding in die Welter Straße (L 241), nach 1.200 Metern auf der linken Seite | Öffnungszeiten Mo–Sa 9–17 Uhr, So 10–15 Uhr (wenn die Tür geschlossen ist, einfach klingeln), Führung durch den Haubarg nach Anmeldung | Tipp Die Welt ist ein Dorf! Wenn man auf der Welter Straße und der Gardinger Straße anderthalb Kilometer Richtung Süden fährt, erreicht man die kleine Gemeinde Welt. Einmal unter dem Ortsschild stehen – ein nettes Fotomotiv.

28 Die ursprüngliche Hallig

Hochwasserrekord: an 90 Tagen im Jahr »Land unter«

Gröde, zu der auch die Vogelwart-Hallig Habel gehört, ist die kleinste Gemeinde Deutschlands und hat den kleinsten Wahlbezirk. Bei Bundestagswahlen war nach Schließung der Wahllokale auf der Hallig immer schnell ausgezählt, das Gröder Ergebnis wurde als erstes verkündet – kein Wunder, bei nur zehn Bewohnern. Zuletzt hat man darauf vergeblich gewartet. Die Gröde-Wähler hatten sich alle für die Briefwahl entschieden.

Die Hallig Gröde ist die drittgrößte der zehn Halligen und gilt als die ursprünglichste. Sie ist zwei Kilometer lang und einen Kilometer breit. Korrekt müsste es Hallig Gröde-Appelland heißen. Appelland war früher eine eigene Hallig. Weil die Halligen auch Wellenbrecher zum Schutze der Festlandküste sind, wurden Gröde und Appelland vor 100 Jahren miteinander verbunden. Hallig Gröde, so ist jetzt der Sprachgebrauch.

Gröde gilt als so urtümlich, weil sie so oft überflutet ist. Im Jahr 1990 musste an 90 Tagen »Land unter« gemeldet werden. Das ist Rekord. 30 bis 50 Mal im Jahr, das ist der Durchschnitt. Das Land, das nur vier Meter über dem Meeresspiegel liegt, ist dadurch sehr zerklüftet und von reiner Salzwiesenvegetation überzogen. Gröde ist außerdem die einzige Hallig, auf der sich die Nebenerwerbsbauern auf die sogenannte Allmendewirtschaft geeinigt haben. Das heißt, sie lassen Schafe und Kühe auf gemeinsamem Weideland grasen. Zäune braucht man kaum.

Zwei Warften hat Gröde. Die Knudtswarft mit vier Häusern, sechs Ferienwohnungen und einer Scheune, die gleichzeitig Amtsstube und Versammlungsraum der Gemeinde ist. Dann ist da die Kirchwarft mit der Kirche Sankt Margareten aus dem Jahr 1779 und dem Schulhaus sowie der Lehrerwohnung unter demselben Dach. Beide stehen aber leer. Rechts von der Tür zur Kirche hat man von der Bank aus einen schönen Blick nach Süden und auf die 16 Grabsteine des Friedhofs.

Adresse Knudtswarft, 25869 Hallig Gröde, Tel. 04674/302 (Claudia Mommsen gibt Auskunft) | **Anfahrt** von der B 5 in Bredstedt auf der L 191 Richtung Ockholm / Dagebüll bis zum Hafen Schlüttsiel, von hier mit der MS Seeadler | **Tipp** Zwischen den Häusern der Knudtswarft steht »Monikas Kiosk«, hier trifft man auch die Halligbewohner. Monika bietet Erfrischungen und Selbstgemachtes an.

29__Die Kirchwarft

Walfische im Gotteshaus

Das blau-weiße Gestühl mit seinen 26 geschnitzten Wangen in der Kirche Sankt Johannis von Hallig Hooge zeigt die Jahreszahl 1624. Das hölzerne Taufbecken, das die vier Evangelisten tragen, ist ebenfalls aus diesem Jahr. Die Kirche selbst wurde aber erst von 1637 bis 1642 gebaut. Teile des Inventars sind also älter als das Gotteshaus selbst. Wie passt das zusammen? Die Geschichte der kleinen Kirche auf der Kirchwarft, wo auch das Pfarrhaus steht, erzählt die Geschichte der großen Sturmfluten in Nordfriesland.

Nach der Marcellusflut von 1362, auch die Grote Mandränke genannt (Großes Ertrinken), erreicht in der Nacht vom 11. auf den 12. Oktober 1634 eine neue schwere Sturmflut die Nordseeküste. Was die Grote Mandränke überhaupt von der früheren Insel Strand übrig gelassen hatte, Alt-Nordstrand, geht zu weiten Teilen in dieser Burchardiflut unter. 6.400 Menschen ertrinken. Von 22 Kirchen werden 19 zerstört. Auch die der Gemeinde Osterwohld, wo erst 1624 eine Kirche gebaut worden war. Osterwohld existiert nach der Katastrophe nicht mehr. Die Überlebenden verkaufen in ihrer Not, was zu retten war. So sind das Gestühl und das Taufbecken nach Hooge gekommen.

Auch die Kanzel soll aus Osterwohld stammen. Ihre Tür ist aber aus dem Jahr 1743. Sie zeigt eine Walmutter mit ihrem Jungen und erinnert an die Zeit, als viele Hooger Männer auf Walfischfang gingen. An der Südwand hängt ein Kruzifix, das man nach der Großen Halligflut von 1825 als Strandgut gefunden hat.

Der damalige Halligpastor hat seine Erinnerungen aufgeschrieben: »In der Nacht zwischen dem 3. und 4. Februar war eine Fluth, wie bei Menschengedenken nicht existiert hat. Klein- und Großsüderwarft und Fedder Bandixwarft sind gänzlich mit ihren Wohnungen und Bewohnern untergegangen. Außerdem sind 5 Warften zertrümmert. 25 Menschen haben hier in einer Schreckensnacht das Leben eingebüßt.«

Adresse Kirchwarft 1, 25859 Hallig Hooge, Tel. 04849/230 | Anfahrt vom Fähranleger geradeaus an der Backenswarft vorbei, nach 800 Metern scharf rechts | Öffnungszeiten Di – So 9 Uhr bis es dunkel wird | Tipp Die Grabsteine auf dem Friedhof der Kirche sind auf der Vorder- und Rückseite beschriftet. So reicht ein Grabstein für zwei Gräber.

30_Der Königspesel

Wo Seine Majestät unfreiwillig übernachten musste

Er hat sich schon Zeit gelassen, der dänische König Friedrich VI., zu dessen Hoheitsgebiet Hooge damals gehörte. Im Februar 1825 hatte eine sehr schwere Sturmflut die Hallig unter sich begraben, aber Seine Majestät wartete bis zum Sommer ab, um sich von den Schäden selbst ein Bild zu machen. Am 2. Juli reist Friedrich VI. mit Gefolge an. Und was passiert? Starker Wind kommt auf aus Nordwest, treibt das Wasser über die Marschen. Keine Chance, jetzt noch ans Festland zu kommen. Sicher ist man nur auf den Warften. Der Hallig-Schreiber notiert: »Die niedrigen Stellen wurden unter Wasser gesetzt, sodass der König einen Begriff vom Schicksal der Halligen in dieser Hinsicht erhielt.«

Der König muss also übernachten. Der Pesel im Haus Hanswarft 11 scheint für ihn ein angemessenes Schlafgemach. Pesel sagen die Friesen zur guten Stube, die nur zu besonderen Anlässen und an Feiertagen geöffnet wird. Der König schläft dort in dem grünen Alkoven. Solche Wandbetten sind damals nur 1,60 Meter lang. Sein Diener polstert den Rücken Seiner Hoheit mit Kissen, zu jener Zeit hat man halb sitzend geschlafen. Am nächsten Tag hat sich die Wetterlage beruhigt. Als der König abreist, verfügt er, die Halligen sicherer zu machen. Und der Pesel heißt seither Königspesel. Seit 1880 kann er besichtigt werden. Er ist das älteste Privatmuseum Schleswig-Holsteins.

Kapitän Tade Hans Bandiks, der das Haus Mitte des 18. Jahrhunderts hat ausstatten lassen, muss ein wohlhabender und sehr frommer Mann gewesen sein. Jede der über 6.000 holländischen Kacheln, die man an den Wänden verbaut hat, ist mit einem Bibelvers versehen. Die gusseisernen Platten des Ofens zeigen biblische Motive. Auch auf dem Eckschrank daneben sind Szenen aus der Heiligen Schrift zu sehen. Die große Schale darauf war die Taufschale des Hauses. Die Malereien an der Decke sind mit Pflanzenfarben, Eigelb und Ochsenblut ausgeführt. Firnis hat sie haltbar gemacht.

Adresse Hanswarft 11, 25859 Hallig Hooge, Tel. 04849/219 | **Anfahrt** vom Fähranleger 1.200 Meter geradeaus, Fahrradparkplatz am Fuß der Warft | **Öffnungszeiten** täglich nach Ankunft der Schiffe oder nach Vereinbarung | **Tipp** Im Sturmflutkino im Haus Hanswarft 9 zeigt ein 15-Minuten-Film, wie ein typisches »Land unter« auf Hooge aussieht. Wenn sogar der Friedhof unter Wasser steht.

31_Die Pferdewagen

Gemütlich die beste Aussicht genießen

Wer Hallig Hooge, die zweitgrößte der zehn Halligen, auf dem gut zwölf Kilometer langen Sommerdeich zu Fuß umrunden möchte, wird dafür etwa drei Stunden brauchen. Dann legt das Schiff vielleicht schon wieder ab. Gemütlicher ist das Auskundschaften von den blau-weißen und gelben Planwagen aus. Kaltblutpferde ziehen sie über die schmalen Straßen. Hooge ist übrigens die einzige Hallig, die durch einen kleinen Deich ein wenig gesichert ist. 1916 wurde der Wall anderthalb Meter hoch aufgeschüttet. Das schützt zumindest vor hohen Wasserständen im Sommer. Aber auch Hooge wird drei bis fünf Mal im Jahr überflutet.

Die Kutscher auf den Pferdewagen sind Halligbewohner, und sie erzählen gern. Das verspricht gute Heimatkunde. Meist drehen sie die Runde vom Fähranleger zur Hanswarft, zur Kirchwarft, zur Backenswarft. Elf Warften hat Hooge, zehn sind bewohnt. Warften sind künstlich aufgeworfene Erdhügel – hier hat das Wort seinen Ursprung – von etwa fünf Metern Höhe. So stehen die Häuser und Höfe auch im Trockenen, wenn sonst auf der Hallig »Land unter« ist.

Nur noch 91 Menschen leben auf Hallig Hooge, von Jahr zu Jahr sind es weniger geworden. Aber 90.000 Tagesausflügler kommen. 480 Gästebetten stehen auf den Warften zur Verfügung, 300 Leihfahrräder werden vermietet. Der Tourismus ist die wesentliche Einnahmequelle. Große und kleine Priele durchziehen Hallig Hooge und entwässern sie. Dazwischen grasen Kühe, Schafe, robuste Galloway-Rinder. Früher führten Priele an jeder Warft vorbei und ersetzten die Wege, Besucher kamen mit dem Boot. Den schönsten Rundumblick hat man auf halber Strecke zwischen der Ockenswarft im Osten und der Ipkenswarft im Westen. Hier erkennt man die Weite der Landschaft mit ihren Erhebungen am besten. Die Warften der Hallig Langeneß am Horizont sehen so aus, als stünden sie im Meer. Bei ganz klarer Sicht scheinen sie aber fast ein Teil von Hooge zu sein.

Adresse 25859 Hallig Hooge | Anfahrt ab Fähranleger | Öffnungszeiten Fahrzeiten nach Ankunft der Schiffe | Tipp Schon einmal Porrenpann gegessen? Ein typisches Hallig-Gericht: Krabbenpfanne mit viel Petersilie und einem Schuss Wein. Dazu isst man Pellkartoffeln und Gurkensalat. Steht im Gasthaus Friesenpesel auf der Backenswarft auf der Speisekarte.

32_Die Strandgutschuhe

Werner Boyens stapelt sie vor seinem Haus

Sportschuhe. Ballerinas. Sandalen. Schnürstiefel. Pantoffeln. Jede Menge Schuhe. Aufgeschichtet in drei Ebenen auf einfachen Brettern, die von Ziegelsteinen getragen werden. Ein Schuhlager mit einer Breite von vielleicht sechs Metern unter den Fenstern der ehemaligen Hallig-Galerie. Flankiert von Kieferknochen eines Pott- und eines Bartenwals, an die ein weiterer Schuh mit einer Schnur gebunden ist. Andere wurden an die Fensterläden genagelt. Bestimmt 250 Schuhe werden es sein, keiner hat sie gezählt.

Zusammengetragen hat sie Werner Boyens. Er hat sie bei seinen Spaziergängen rund um Hooge gefunden, aufgelesen und vor seinem Haus gestapelt. Seit über 25 Jahren macht er das so. Er sammelt Schuhe, die das Meer angespült hat. Strandgutschuhe. Früher ist Werner Boyens zur See gefahren, jetzt malt er Aquarelle von Hooge. Als er und seine Frau noch ihre Galerie betrieben haben, waren die Schuhe auch ein Publikumsmagnet. »Die Leute kamen lachend herein«, erzählt Werner Boyens. »Schon hatte man einen Draht zueinander.«

Er wüsste ja auch nur zu gerne, welche Geschichten die Schuhe haben. Viele werden banal sein. Ein Urlauber hat seine Sporttreter vielleicht am Ende der Ferien in hohem Bogen ins Meer geworfen, weil sie nun wirklich verschlissen waren. Ein Kind mag die Flipflops am Strand vergessen haben, eine Welle hat sich diese geholt, das Meer hat sie verteilt. Der profillose hellblaue Slipper auf dem mittleren Brett, er könnte bei einer Segeltour über Bord gegangen sein. Aber was, wenn ganz anderes dahintersteckt? Unglücke wie Schiffbruch, Ehekräche und andere Dramen? Verbrechen gar? Und woher überhaupt kommen die Schuhe? Hatten sie einen nur kurzen Weg, oder wurden sie durch Ozeane getrieben? Werner Boyens wird weiter Strandgutschuhe suchen. Täglich. Ein einziges Mal hat er zwei Exemplare gefunden, die zusammenpassen. Es sind lindgrüne Mokassins.

Adresse Hanswarft 4, 25859 Hallig Hooge, Tel. 04849/234 | **Anfahrt** vom Fähranleger 1.200 Meter geradeaus, Fahrradparkplatz am Fuß der Warft | **Öffnungszeiten** ganzjährig vor dem Haus | **Tipp** Die Schutzstation Wattenmeer informiert auch über die Folgen des Klimawandels für die Halligen (Hanswarft 2, geöffnet April–Okt. täglich 11–16 Uhr, Nov.–März täglich zwei Stunden gemäß Aushang).

33 Die Ketelswarf

Im Sommer ist sie ein lila Flieder-Traum

Die Hallig Langeneß muss man im Juli und Anfang August besuchen. Dann ist Langeneß ein Traum in Lila. Sie ist die größte der Halligen, über zehn Kilometer erstreckt sich im Hochsommer dieser violette Schimmer, wenn der Hallig-Flieder auf den Salzwiesen blüht. Und auf Langeneß leuchtet er besonders schön. Eben diese zehn Kilometer lang ist Langeneß und an manchen Stellen nicht einmal einen Kilometer breit. Und noch etwas macht Langeneß einzigartig: Die Warften heißen hier Warfen. Das »t« lassen die Halliglüüt weg. Erklären kann das keiner.

Die 120 Bewohner und ihre Feriengäste leben auf 18 Warfen. Auf der Mayenswarf steht sogar ein Vier-Sterne-Hotel mit privater Sauna. Die schönste Warf ist die Ketelswarf. Aber aufgepasst, man rauscht schnell daran vorbei. Zumindest dann, wenn man am Fähranleger – weil die Zeit bis zur Abfahrt des Ausflugsschiffes knapp ist – gleich auf den Traktoranhänger des Hausherrn der Honkenswarf aufspringt. Die ist auch schön, ganz ohne Frage. Die Friesenstube dort mit ihren Delfter Kacheln ist sehenswert. Die Ketelswarf ist anders.

Charmante alte Kapitänshäuser stehen dort. Wie das von Kapitän Tade Volkerts, der es 1741 baute. Die große Sturmflut von 1825 hat es nahezu zerstört, aber sein Sohn hat es noch im selben Jahr wiederaufbauen lassen. Es wurde zu einem der schmucksten Häuser auf Langeneß und dokumentiert, wie die Menschen auf den Halligen über Jahrhunderte gelebt haben. Heute ist das Haus ein Museum. Der typische Bilegger, der Beilegerofen, wurde von der Küche aus befeuert. Die Döns, die Wohnstube, konnte man so frei von Ruß und Asche halten. Für die Frau des Hauses gab es das Grasterloch: Beim Backen saß sie in einer Vertiefung vor dem Ofen, was ihr das Arbeiten leichter machte. Die Räume sind mit Gegenständen des 18. Jahrhunderts möbliert. Über dem Ofen zeigt ein Fliesentableau das Segelschiff des Kapitäns.

Adresse Ketelswarf, 25863 Hallig Langeneß, Tel. 04684/217 | Anfahrt vom Fähranleger die Inselstraße entlang Richtung Osten, nach drei Kilometern auf der linken Seite | Öffnungszeiten Ostern–Okt. Mo–Sa ab 13.30 Uhr, Führung 13.30 (eine halbe Stunde) | Tipp Die Segel-Lore auf der Ketelswarf ist eine Rekonstruktion. Solche Loren wurden bis 1968 eingesetzt, um über den schmalen Schienendamm ans Festland zu kommen. Seither sind die Loren motorisiert.

34_Die Zwergschule

Bei Hochwasser ist schulfrei

Früher konnten die Schulen auf den Halligen Gröde und Oland von sich behaupten, die kleinsten von Deutschland zu sein. Auch wenn nur ein einziges schulpflichtiges Kind auf diesen Halligen lebte, stand ihm ein Lehrer zur Verfügung. Heute sind die Klassenzimmer auf Gröde und Oland verwaist. Jetzt sagt die Hallig Nordstrandischmoor, dass sie die kleinste Schule habe. Mal sind es zwei Schüler, mal drei. Die Schule ist Grund- und Regionalschule. Die Lehrerin unterrichtet alle Jahrgangsstufen in allen Fächern. Vom Klassenzimmer aus können die Schüler die Krabbenkutter gut sehen, die vor ihrer Hallig die Schleppnetze über den Meeresboden ziehen.

Wenn der Wind aus Südwest drückt und das Wasser nur einen knappen Meter über dem normalen Hochwasser steht, wird Nordstrandischmoor überspült. Bis zu 40 Mal im Jahr passiert das. Bei »Land unter« haben die Schüler schulfrei, wie sollten sie auch zur Schule gelangen? Allerdings gibt die Lehrerin telefonisch Schulaufgaben auf. Das Klassenzimmer ist im Wohnhaus der Lehrerin auf der Amalienwarft untergebracht. Von außen kann man die Zwergschule besichtigen. Weil sie aber eben auch Privathaus ist, ist ein Blick ins Klassenzimmer nicht möglich.

An hohen Feiertagen ist der Schulraum auch Kirche. Dann kommt der Pastor von Nordstrand und feiert den Gottesdienst mit den etwa 20 Halligbewohnern. Vor dem Lehrerhaus steht ein sogenannter Glockenstapel. Er erinnert an die Orkanflut im Oktober 1634, in deren Folge Nordstrandischmoor entstanden ist.

Von der Amalienwarft führt ein kleiner Weg über die Salzwiesen zum alten Friedhof. Man muss über zwei Stöcke balancieren, so werden die Stege genannt, welche die Priele queren. Ein Wassergraben umgibt das Gräberfeld. 20 Grabsteine aus Carraramarmor liegen hier in der Erde. Das jüngste Grab ist von 1926. Damals starb Nommen Jacobsen. Heute werden die Toten der Hallig auf Nordstrand beigesetzt.

Adresse Amalienwarft, 25845 Nordstrandischmoor | Anfahrt vom Fähranleger den Teerweg geradeaus an der Neuwarft vorbei, nach 1.400 Metern auf der linken Seite | Tipp Wegen der Gezeiten legen die Schiffe nach anderthalb Stunden wieder ab, zu Fuß ist die Strecke bis zu den westlichen Warften hin und zurück nicht zu schaffen. Aber 30 Minuten vor Abfahrt der Schiffe fährt von der Neuwarft aus ein Traktor mit Anhänger die Strecke und setzt die Gäste am Anleger ab. Eine kleine Spende wird erwartet.

35 Der kleinste Leuchtturm

Einzig in Europa

»Hier wohnt niemand weiter als 100 Meter vom Friedhof entfernt«, sagen die Menschen auf Oland. 21 Bewohner hat die Warft, die 18 Gebäude stehen dicht gedrängt nebeneinander. Die Wohnhäuser, die Kirche Sankt Petri, das leerstehende Schulhaus, die Halligstube Kiek in und die kleine Bücherei, die einmal in der Woche für eine Stunde öffnet, gruppieren sich um den sogenannten Fething im Zentrum der Warft. Mit dem Regenwasser, das sich in diesem kleinen Teich sammelt, haben die Bauern früher das Vieh getränkt. Am Nordrand der Warft steht der kleine Leuchtturm.

Mit seinen 7,5 Metern ist er so hoch wie ein Haus und wohl der kleinste Leuchtturm Deutschlands. Er ist auch der einzige mit Reet gedeckte Leuchtturm Europas, vermutlich der Welt. Das viereckige Backsteingebäude wurde 1929 errichtet, der Turm ist noch immer als Leuchtfeuer für die Schiffe im Fahrwasser zwischen Föhr und Dagebüll in Betrieb. Seeleute nutzen sein weiß-rot-grünes Signal zur Peilung.

»Eine Warft, alles drauf – das ist Oland«, so wirbt die Gemeinde für sich. Tatsächlich wirkt die Olandwarft wie ein Dorf, auf den meisten Warften der anderen Halligen stehen jeweils nur wenige Häuser. »Die Liebliche« wird die Hallig auch genannt. In den gepflegten Gärten gedeihen Blumen und Früchte, die eng stehenden Häuser geben Windschutz. Über der Haustür des alten Bootsbaumeisters Paulsen prangt der stolze Friesenspruch aus der Zeit der dänischen Besatzung: »Lewer duad üs Slav« (Lieber tot sein als ein Sklave). Auf den Grabsteinen des Friedhofs bei der Kirche heißen alle Verstorbenen Petersen oder Paulsen.

Die Warft hat man 1985 mit einem Ringwall noch einmal erhöht zum Schutz gegen das Wasser. Unterhalb davon verlaufen auf der Nordseite die Gleise der Lorenbahn, die über den schmalen Damm von Dagebüll aus kommt und von hier weiterführt zur Hallig Langeneß. Die Nabelschnur zum Festland.

Adresse Nordseite der Olandwarft, 25867 Hallig Oland, Tel. 04684/217 (Tourismusbüro Langeneß/Oland) | Anfahrt von der B 5 in Bredstedt auf der L 191 Richtung Ockholm/Dagebüll bis zum Hafen Schlüttsiel, von hier mit der MS Seeadler, oder geführte Wattwanderung vom Festland aus | Tipp Wenn Bewohner und Feriengäste mit Schubkarren zur Nordseite der Warft ziehen, dann hat die Lorenbahn Lebensmittel und Getränke vom Festland gebracht. Zeit, ab- und aufzuladen. Ein Schauspiel!

36 Die Arche im Meer

Hier leben Tiere, die vom Aussterben bedroht sind

Die Ställe des Dreiseithofes auf der Warft von Süderoog sind höher gelegen als die Wohnräume im Erdgeschoss. Sollte bei »Land unter« tatsächlich Wasser über die Türschwelle schwappen, sollen die Tiere in Sicherheit sein. Wenn eine schwere Flut vorhergesagt ist, treiben Nele Wree und Holger Spreer die Heidschnucken Maja und Merle, die Coburger Fuchsschafe Lena und Lotte, die Pommerngänse, die Ramelsloher Hühner sowie die Sachsen- und Aylesburyenten frühzeitig ins Trockene. Das Wasser kommt schnell.

Nele Wree und Holger Spreer mit den Töchtern Fenja und Ilvy sind die einzigen ständigen Bewohner einer der kleinen Halligen im Weltnaturerbe Wattenmeer, dem größten Nationalpark zwischen Nordkap und Sizilien. Süderoog ökologisch zu bewirtschaften ist eine ihrer Aufgaben. Das Paar hat besondere Ansprüche, der Hof ist als Arche-Hof anerkannt. Mit Tieren, die auf der Roten Liste der vom Aussterben bedrohten Nutztierrassen stehen. Schafe sind Pflicht auf der Hallig, die beweidet werden muss. Und von den Coburger Fuchsschafen gibt es nicht mehr viele.

»Wer hierher möchte, muss ein bisschen verrückt sein«, sagt Nele Wree. Seit 2013 hat das Paar – beide waren Anfang 30 – Süderoog vom Land Schleswig-Holstein gepachtet, das die Hallig 42 Jahre zuvor für 400.000 Mark aus Privateigentum übernommen hatte. Nele hat Kunstgeschichte studiert. Sie hat in Jerusalem ein Café geführt und in Hamburg in einer Galerie gearbeitet. Holger war Kutterkapitän, hat hingeschmissen und sich als Versicherungsfachmann ausbilden lassen, wollte dann doch zurück an die Küste. Auf Pellworm haben sie sich kennengelernt.

Ans Stromnetz angeschlossen sind sie nicht, aber die Solarmodule reichen fürs Licht. Den Generator werfen sie nicht gerne an. Keine Gefriertruhe also, Vorräte werden eingeweckt. Eine kleine Windkraftanlage, die keine Gefahr für die Vögel ist, das ist ihr nächstes Projekt.

Adresse 25849 Hallig Süderoog, Tel. 04844/244 | Anfahrt Wattwanderungen ab Pellworm. Die Pellwormer Dampfschifffahrtsgesellschaft steuert ab Pellworm Süderoog an (www.faehre-pellworm.de). | Tipp Als die Hallig noch Privatbesitz der Familie Paulsen war (bis 1971), machte Hermann Neuton Paulsen Süderoog zur »Hallig der Jungs«. Er lud ab 1927 Jugendliche aus vielen Ländern ein, um die Idee Europa zu leben. Eine Ausstellung dokumentiert sein Engagement.

37 Die Zierde der Ulpiano

Ein Dankeschön nach der Rettung aus Seenot

Am Heiligen Abend im Jahr 1870 haben Bauer Paul Andreas Paulsen und seine Familie gerade saure Rippen zu Mittag gegessen, da nimmt der Landwirt noch einmal sein Fernglas zur Hand. Er kneift die Augen zusammen, sieht lange hin, atmet durch und sagt: »Ick meen, dar sitt wahrhaldi en Dreemaster op'e Sand!« (Ich glaube, das sitzt tatsächlich ein Dreimaster auf Sand!) Er hat die Umrisse eines Schiffes ausgemacht. Vor Süderoogsand, dem größten und südlichsten der drei nordfriesischen Außensände, vier Kilometer südwestlich der Hallig Süderoog, ist die spanische Bark Ulpiano auf Grund gelaufen.

Eisschollen türmen sich auf dem Wattenmeer. Aber Strandvogt Paulsen macht sich von der Hallig aus auf den Weg, um die Seeleute zu retten. Doch der Sturm ist stärker, Paulsen muss umkehren. Es ist nicht genau überliefert, wie die zwölfköpfige Mannschaft die nächsten Stunden überlebt hat. Aber ab dem 26. Dezember sind die Männer auf Süderoog in Sicherheit. Zehn Wochen lang leben sie bei den Paulsens. Zum Abschied machen sie ein Geschenk: das hölzerne Schnitzwerk vom Heck des havarierten Schiffes, die Zierde der Ulpiano.

Sie hängt heute noch über einer Tür des Hauses auf der Süderoog-Warft. Die Schnitzerei zeigt zwei dunkelhaarige Frauen, sie tragen das Wappen der Provinz Kastilien-Leon und die spanische sowie die baskische Flagge. Reeder Ulpiano de Ondarza kam aus dem Baskenland. Es war die Jungfernfahrt seines Segelschiffes von Cadiz nach Southampton. Bei schwerem Wetter kam Kapitän Seferino Pietro immer weiter ab vom Kurs.

Der eiserne Schiffsrumpf, 42 Meter lang, war eine Ewigkeit von Sand bedeckt. Erst im Jahr 2013 legten Wellen das Wrack frei. Allerdings wandert Süderoogsand jedes Jahr um 40 Meter nach Osten. Lange wird die Ulpiano also nicht mehr zu sehen sein. Das Meer wird sie wieder in die Tiefe ziehen.

Adresse 25849 Hallig Süderoog, Tel. 04844/244 | Anfahrt Wattwanderungen ab Pellworm. Die Pellwormer Dampfschifffahrtsgesellschaft steuert ab Pellworm Süderoog an (www.faehre-pellworm.de). | Tipp Unbedingt ein leistungsstarkes Fernglas mitnehmen! Bei guter Sicht ist neben der Rettungsbake auf Süderoogsand das Wrack der Ulpiano zu sehen.

38 Das Haus der Schimmelreiterin

Durchs Watt erreicht sie das Eiland

Wie eine Fata Morgana erscheint sie in sieben Kilometer Entfernung von der Halbinsel Nordstrand aus gesehen. Die Luftspiegelung lässt es so erscheinen, als schwebe dort etwas über dem Wasser. Dann, wenn man sich nähert, wird das Bild klarer: zwei Backsteinhäuser mit Reet gedeckt auf einer Warft ein paar Meter über dem Meeresspiegel. Kein Deich, der sie schützt. Viel Marschland rundherum, über dem der Alpenstrandläufer seine Flugkunststücke zeigt. Das ist die Hallig Südfall.

»Wer nicht abgehärtet ist, gehört hier nicht hin«, sagt Gunda Erichsen. Sie ist die Schimmelreiterin. So wird sie genannt, weil sie viele Jahre lang bei Ebbe mit ihrem Schimmel durchs Watt vom Festland zur Hallig ritt. Jetzt hat sie ein schwarzes Pferd.

Gunda Erichsen, blonde Zöpfe, ist die Vogelwartin von Südfall. Sie zählt die Vögel, beobachtet und notiert Veränderungen. »Dass die Nilgans kommt, das ist neu.« Ihr Mann Gonne, ein Bär von zwei Meter Größe, ist der Halligwart. Er sichert mit schweren Steinen das Ufer des Eilands gegen das nagende Meer. Schüttet auf, bessert aus. Zwei Töchter haben die Erichsens, die auf Nordstrand zur Schule gehen. Am Wochenende kommen sie rüber. Auch mit dem Pferd.

»'Land unter' ist gut für die Hallig«, sagt Gunda Erichsen. »Durch den Schlick, der aufgespült wird, wächst die Hallig jedes Jahr um bis zu zwei Zentimeter.« Auf einer anderen Hallig groß geworden, hat sie auch vor einer Sturmflut keine Angst. Selbst wenn das Wasser schon bis zum Fensterbrett steht. »Das geht vorbei.« Außerdem hat ihr Haus einen Schutzraum unterm Dach. Gesichert durch Betonpfeiler, die tief im Boden verankert sind. Lebensmittel sind dort nicht gelagert, Trinkwasser kommt durch eine Leitung vom Land. »Wichtig ist, dass immer eine Flasche Rum vorhanden ist.«

Adresse Hallig Südfall, Süderhafen 2, 25845 Nordstrand, Tel. 04842/8555 | Anfahrt Wattwanderungen ab Treffpunkt Fuhlehörn (Nordstrand), Dauer 5 ½ Stunden (1 Stunde Aufenthalt auf der Hallig), Anfragen unter Tel. 04671/6614. Oder auf dem Pferdeanhänger, Dauer 3 ½ Stunden, Mai – Sept., Anmeldung unter Tel. 0172/24038675 und 04842/300 (15 – 18 Uhr). Die Pellwormer Dampfschifffahrtsgesellschaft steuert ab Pellworm Südfall an (www.faehre-pellworm.de). | Tipp Auf jeden Fall den Pharisäer von Gunda Erichsen probieren. »Da geht doch immer etwas«, sagt sie.

39__Der Brutplatz des Säbelschnäblers

Schwarz-weiße Gruppenbalz

Der Weg über den Damm bis zur einzigen Warft der Hamburger Hallig ist zu Fuß in einer Stunde zu schaffen. Man darf sogar mit dem Auto fahren. Gegen Gebühr öffnet sich eine Schranke, die gereizten Kommentare von Naturfreunden gibt's umsonst. Am besten, man mietet am Deich kostengünstig ein Fahrrad. Denn der Wanderer hat keine Chance, dem auszuweichen, was Tausende Schafe auf dem Plattenweg hinter sich lassen. Mit dem Rad rollt man sauberen Fußes darüber hinweg.

Seit der Damm vor 140 Jahren gebaut wurde, verlandet die Verbindung zum Festland immer großflächiger, wird teils als Weideland genutzt. Auf halber Strecke liegt links der Schafberg, Fluchthügel für die Tiere, wenn die Hallig überspült wird. Der Vogelwart hat hier seine Hütte und erklärt gern. Auch, dass das Betreten des einzigartigen Vogelparadieses abseits des Weges streng verboten ist. Was machen dann die Menschen an dem Tümpel dort hinten? Es sind Ornithologen, sie dürfen das. Sie beringen den Nachwuchs des Säbelschnäblers, dessen Brutplatz die Hallig ist. Schon das Balzverhalten des schwarz-weißen, etwa taubengroßen Vogels mit den sehr langen Beinen ist außergewöhnlich, ganz so, als ginge es gleich zum Gruppensex: Etwa ein Dutzend Vögel steht mit nach innen gerichteten Köpfen im Kreis, wirft Gras in die Luft und schüttelt die Schnäbel. Dann bespringen die Männchen die Weibchen. Nach dem Akt rennen die Paare eng aneinandergepresst und mit gekreuzten Schnäbeln durch seichtes Wasser.

Äußerst scheu sind die Tiere. Nur mit den stärksten Teleobjektiven bekommt man ein Bild von ihnen. Seinen Namen hat der Vogel von dem sehr langen und vorn nach oben gebogenen grauen Schnabel. Links, rechts, links, rechts wischt er damit bei der Nahrungssuche durchs Wasser. Das macht ihn unverwechselbar.

Adresse Sönke-Nissen-Koog, 25821 Reußenköge, Tel. 04671/927154 (Amsinck-Haus) | Anfahrt von der B 5 nach Bordelum, von dort über die Koogchaussee, die Straßen Reußenkoog und Sönke-Nissen-Koog bis zum Deich (4 Kilometer, ist ausgeschildert), großer Parkplatz | Tipp Das Amsinck-Haus hinterm Deich dokumentiert multimedial und interaktiv Geschichte, Natur und Kultur Nordfrieslands (geöffnet April – Okt. täglich 10 – 18 Uhr).

40 Das Alte Gymnasium

Wellness-Luxus, wo früher gebüffelt wurde

Der Neuroanatom und Psychiater Oskar Vogt ist hier zur Schule gegangen, später hat er das Gehirn von Lenin seziert. Ferdinand Tönnies hat hier gebüffelt, der Begründer der deutschen Soziologie. Auch Peter Harry Carstensen, später Ministerpräsident von Schleswig-Holstein, ist hinter den roten Backsteinmauern über den Versen Homers ins Schwitzen geraten. Damals hieß die Penne Hermann-Tast-Schule, benannt nach dem Reformator aus Husum. Zuvor war sie die Husumer Gelehrtenschule und Königliches Gymnasium. Heute ist das Gebäude Fünf-Sterne-Hotel mit Wellnesstempel, das »Alte Gymnasium«.

Sein Feinschmeckerrestaurant heißt »Das Eucken«. Der Philosoph Rudolf Christoph Eucken (1846–1924) war Pauker an der Schule. Als zweiter Deutscher nach Theodor Mommsen bekam er 1908 den Nobelpreis für Literatur »aufgrund des ernsten Suchens nach Wahrheit, der durchdringenden Gedankenkraft, der Wärme und Kraft der Darstellung«.

Der neugotische Stil des imposanten Gebäudes sollte unterstreichen, wie wichtig man Humanismus und Religiosität an der Gelehrtenschule nahm. Aus der Front treten drei Gebäudeteile mit spitzen Giebeln heraus, sogenannte Risaliten. In der Mitte war der Eingang des Schulhauses, das Doppelflügelportal wird aber heute kaum genutzt. 1867 konnte das Gymnasium als Schule nur für Knaben eingeweiht werden.

Irgendwann wurde die Penne zu klein, man zog um in einen modernen Neubau. Lange stand die Schule leer, bis der Geschäftsmann Johann Max Böttcher sich einen Traum erfüllte. Er hatte selbst Abitur an der Schule gemacht, sein Vater war hier 40 Jahre Lehrer. Böttcher erwarb das Gymnasium und eröffnete es 1996 als Luxushotel. Zehn Jahre später verkaufte er an Lenka Hansen-Mörck. Was heute das Foyer ist, war früher die Turnhalle. In der historischen Aula werden Feste gefeiert. Die Klassenzimmer sind jetzt Fünf-Sterne-Suiten.

Adresse Süderstraße 2–10, 25813 Husum, Tel. 04841/8330 | **Anfahrt** von der B 5 bis zum Markt, dort rechts an der St.-Marien-Kirche vorbei, auf der rechten Seite | **Öffnungszeiten** ganzjährig | **Tipp** Im Theodor-Storm-Haus in der nahen Wasserreihe 31–35 hat der Dichter von 1866 bis 1880 gelebt. Hier steht auch der Schreibtisch, an dem er den »Schimmelreiter« vollendet hat.

41 Das Gehörlosen-Café

Lernort für junge Menschen mit Handicap

Es heißt Schloss vor Husum. Nicht Schloss von Husum oder Schloss zu Husum. Als die Gottorfer Herzöge Ende des 16. Jahrhunderts ihre Residenz bauen ließen, gehörte das Gebiet noch nicht zu Husum. Das ist der Grund. Das Schloss und sein Rittersaal sind großartig restauriert. Berühmt sind die reich verzierten Kamine. 40 Meter hoch erhebt sich der Turm des Schlosses und ist ein Wahrzeichen der Stadt. Links davon liegt der ehemalige Küchentrakt, heute ein Café. Mit großzügiger Wohlfühlatmosphäre, Holzdielen, Kamin, Korbsesseln unter der Gewölbedecke, schönem Cafégarten.

Gehörlose oder hörgeschädigte junge Menschen sowie Rehabilitanden mit Lernbehinderungen oder leichten körperlichen Handicaps werden hier in Hauswirtschaft und Gastronomie ausgebildet. Sie backen Kuchen und gestalten Torten, bereiten kleine Speisen zu, dekorieren und pflegen die Räume, nehmen die Bestellungen entgegen und bedienen die Gäste. Eine serviceorientierte Ausbildung mit Publikumsverkehr, das ist der Anspruch.

Damit das reibungslos funktioniert, hat man ein besonderes Bestell- und Kommunikationssystem entwickelt. Der Gast kreuzt seine Wünsche auf einer Tischkarte an. Wenn etwas unklar ist, muss er sehr deutlich sprechen und die Bedienung anschauen, die von den Lippen ablesen kann. Das klappt! Gezahlt wird an einer zentralen Kasse.

Neun junge Menschen werden vor und hinter den Kulissen im Café ausgebildet. Selbstständiges Arbeiten, Flexibilität, Kreativität und das Einüben von Teamarbeit sind die Lernziele. Geführt wird das Projekt vom Theodor-Schäfer-Berufsbildungswerk Husum unter dem Dach der Norddeutschen Gesellschaft für Diakonie. In insgesamt 60 verschiedenen Berufen werden Jugendliche mit Behinderungen trainiert. Finanziert werden diese Maßnahmen von der Agentur für Arbeit. Auch der Herzoginnengarten auf der Schlossinsel wird von Gärtnern dieses Berufsbildungswerkes gepflegt.

Adresse König-Friedrich V.-Allee, 25813 Husum, Tel. 04841/8044411 | Anfahrt von der B 5 bis zur Schloßstraße, dann in die König-Friedrich V.-Allee, Parkplatz im Schlosshof | Öffnungszeiten Di–So 11–17 Uhr | Tipp Marionetten, Märchenzauber, komödiantische Impulse: Im Schloss vor Husum hat das Poppenspäler-Museum eigene Räume. Benannt ist es nach Pole Poppenspäler, einer der bekanntesten Figuren des Novellenschreibers Theodor Storm (geöffnet Di–So 11–17 Uhr).

42 Der Wolkengucker

Im Schlossgang hält er Ausschau

Verträumt sitzt der junge Mann auf seinem steinernen Sockel. Schmächtig ist er und barfuß. Er hat das linke Bein angewinkelt, das rechte darüber gekreuzt. Mit der rechten Hand greift er nach seinen Zehen, mit der linken schirmt er seine Augen gegen die Sonne ab. Er hat den Kopf weit in den Nacken gelegt. So hält er Ausschau nach den Wolken.

Karlheinz Goedtke hat diese Plastik modelliert. »Der Wolkengucker« hat er sie genannt. Wie bei vielen seiner Figuren spielt der Künstler hier mit gestreckten, angewinkelten und überkreuzten Körperteilen, erzeugt so eine spannungsreiche Komposition. Menschen und Tiere aus Wachs oder Gips formen und dann in Bronze gießen, so hat er in seinem Atelier gearbeitet. Die Figur des Till Eulenspiegel für einen Brunnen in der Eulenspiegel-Stadt Mölln machte ihn berühmt. Bei Touristen ist der bronzene Schalk so beliebt, dass der nach oben gestreckte Daumen der rechten Hand und die Spitzen seiner Füße von den vielen Berührungen golden glänzen. Karlheinz Goedtke hat viele Plastiken für den öffentlichen Raum geschaffen. Bekannt sind die drei »Oldenburger Reiter« oder »Der Segler« auf einer sehr hohen Stele am Kieler Ostseekai.

Seit 1993 – zwei Jahre vor dem Tod des Künstlers – sitzt der Wolkengucker vor Jacquelines Café am Schlossgang in der Husumer Altstadt. Hier ist autofreie Zone, kleine Läden locken zum Stöbern. Könnte der Wolkengucker sich nun erheben und ein paar Schritte nach Norden gehen, käme er am Schlosspark ins Staunen. Im Frühjahr sind die Wiesen dort ein lilafarbener Teppich, vier Millionen Krokusse sollen es sein, die dann blühen. Weltrekord! Aber keiner kann sagen, wer die Pflanzen gesät oder die Knollen gesteckt hat. Richtung Süden erreichte unser Wolkengucker von seinem Platz aus durch den Rundbogen des historischen Rathauses den Markt. Dort könnte er Tine in ihren Holzschuhen treffen, eine junge Halligfriesin. Sie ist wesentlich größer als er und auch aus Bronze.

Adresse Schlossgang 12, 25813 Husum | Anfahrt von der B5 bis zum Markt, dort durch den Torbogen in den Schlossgang | Tipp Der Turm der Sankt-Marien-Kirche am Markt ist einem Leuchtturm nachempfunden. Der Abstand der Linden links und rechts entspricht dem Abstand der Säulen im Inneren der Kirche.

43 Das Mahnmal

Im KZ-Außenlager starben 300 Männer in sechs Wochen

Endlos scheint die Prozession der Jungen und Männer, die Anfang November 1944 auf Ladelund nahe der dänischen Grenze zukommen. In Viererreihen schleppen sie sich voran. Ein Augenzeuge: »Ihr Gang war kraftlos. Sie schwiegen, hatten aufgegeben. Es kamen etwa 2.000. Viele waren barfuß. Ihr Haar war so geschnitten, dass ein Kreuz über den Kopf vom Nacken zur Stirn, von Ohr zu Ohr lief.« In Viehwaggons sind die Männer aus dem Konzentrationslager Neuengamme herbeigeschafft worden. Die acht Kilometer von der Bahnstation Achtrup müssen sie zu Fuß schaffen.

Die Invasion der Alliierten hat schon am 6. Juni in der Normandie begonnen. Unaufhaltsam stoßen sie durch Frankreich und von Osten her auf Deutschland vor. Da befiehlt Hitler am 28. August den Bau des »Friesenwalls« entlang der Nordseeküste und von Panzergräben an der Grenze zu Dänemark. Er will so einen Angriff im Norden aufhalten. Die KZ-Häftlinge sollen auch bei Ladelund nur mit Schaufeln einen solchen Graben ausheben. Vier bis fünf Meter breit, drei Meter tief. Die unterernährten Gefangenen stehen bei der Arbeit elf Stunden im eiskalten Wasser. Untergebracht sind sie in Baracken hinter Stacheldraht am Ortsausgang. Jeweils 80 Männer auf 40 Quadratmetern zusammengepfercht. Die Hälfte liegt auf einem Holzgestell, die anderen kauern auf dem nackten Boden. Kaum eine Bewegung ist möglich, dabei müssen sie noch versuchen, ihre nassen Kleider zu trocknen. Morgens gibt es 300 Gramm Brot, mittags einen undefinierbaren Brei, abends eine Kartoffelsuppe mit Steckrüben oder Kohl. In der Nacht hören die Ladelunder die Schreie der Häftlinge, wenn wieder welche verprügelt werden.

In den nur sechs Wochen bis zur Auflösung des Lagers sterben 300 der Häftlinge. Die meisten sind Niederländer. Dort, wo das Lager war, steht unter Birken ein Mahnmal. In der Gedenkstätte Ladelund ist das Schreckliche eindrucksvoll dokumentiert.

Adresse Mahnmal: 25926 Ladelund, Ortsausgang; KZ-Gedenkstätte: Raiffeisenstraße 3, Tel. 04666/449 | Anfahrt zum Mahnmal von der B 199 über Achtrup nach Ladelund, dort von der Dorfstraße bei der Tankstelle in die Schulstraße Richtung Neupepersmark, 700 Meter nach dem Ortsausgang auf der rechten Seite; zur Gedenkstätte von der Dorfstraße in die Raiffeisenstraße, Parkplatz auf der linken Seite | Öffnungszeiten Di–Fr 10–16 Uhr, Sa, So 14–16 Uhr | Tipp Bei der Kirche von Ladelund haben die Toten später ein würdevolles Grab bekommen. Einem Schrein kann man ein Buch entnehmen und die Namen der Opfer lesen.

44 Das grüne Kraftwerk

Windräder verstellen den Horizont

Selbst im Sommer musste Christa Ketelsen bei geschlossenen Fenstern schlafen. Die Chefin des Cafés Nissenshörn bekam sonst immer etwas auf die Ohren. Zu laut schlugen die Rotorblätter der Windkraftanlage hinterm Haus durch die Luft. »Ich war eingekesselt von Windrädern«, sagt sie. Nur wenige hundert Meter, da steht das erste. Gefragt hat sie niemand, ob sie einverstanden sei. Christa Ketelsens Haus stand an der Grenze der Gemeinde Langenhorn. Die Windräder sind in den Boden des Nachbarortes gerammt. Die breiten Schlagschatten der Rotorblätter und wie wuchtig sie wummern – Christa Ketelsen hat das rund um die Uhr aushalten müssen.

400 Meter Mindestabstand zu einem Einzelhaus, 800 Meter zu einer Siedlung, das war die Vorschrift. 600 und 1.000 Meter soll in Zukunft der Abstand sein. Mehr als 3.600 Onshore-Windräder drehen sich in Schleswig-Holstein, teils bis 200 Meter hoch, so groß wie ein Wolkenkratzer mit 70 Etagen. 4.000 Windmühlen sollen es werden.

Zwei Prozent seiner Fläche hat das Land ausgewiesen, um Windstrom zu produzieren. Drei Prozent sollen es werden. Mehr als 850 Windräder drehen sich schon im Landkreis. Ein grünes Kraftwerk. Zwar ist man bemüht, die Ungetüme in Parks zu konzentrieren. Aber es gibt Gegenden, da verstellen sie den Horizont. Nordfriesland ist der Showroom der Windenergie. Sie ist nach dem Tourismus zweitwichtigstes wirtschaftliches Standbein.

Etliche Bürger haben investiert, ihnen gehören die Mühlen. Millionen Euro zusätzlicher Gewerbesteuer entlasten die Kommunen. Die 330-Einwohner-Gemeinde Reußenköge, wo 70 Windräder stehen, ist so wohlhabend geworden, dass der Bürgermeister nicht darüber sprechen mag. Der Ort liefert in einem Jahr so viel Strom, damit könnte man 24 Monate alle Haushalte in Nordfriesland versorgen. Christa Ketelsen hat resigniert, sich ein neues Zuhause gesucht. Ihr altes Haus mit dem Café hat man abgerissen.

Adresse Nissenshörn 1, 25842 Langenhorn | Anfahrt von Ockholm auf dem Langenhorner Alten Deich (L 191) Richtung Bredstedt, nach 3.200 Meter auf der rechten Seite | Tipp Biomasse, Windkraft, Sonnenenergie: Auf Pellworm wird so viel Energie aus regenerativen Quellen produziert, dass man die Hälfte davon ans Festland abgegeben kann. Das Informationszentrum zieht viele Besucher an (geöffnet April–Okt. So–Do 11–17 Uhr, Sa 14–17 Uhr).

45 Der Ochsenweg

Millionen Hufe haben ihn gefräst

Western sieht man ja nicht mehr oft in Kino und Fernsehen, aber die Bilder haben wir im Kopf: Cowboys, die riesige Rinderherden vor sich hertreiben. Ähnlich ist es in Nordfriesland gewesen. Nur ging es hier nicht über die Weite der Prärie, sondern über einen uralten Fernhandelsweg. Schon zur Bronzezeit soll er bestanden haben, später nutzten Ritter, Könige, Kaufleute, Pilger, Soldaten, Postkutschen die Strecke und auch die Ochsentreiber: den Ochsenweg.

Ein Teilstück davon erstreckt sich von Leck durch den Langenberger Forst, das größte zusammenhängende Waldgebiet in Schleswig. Zigmillionen Ochsenhufe haben hier über Jahrhunderte einen Hohlweg in die Landschaft gefräst. Die Strecke führte von Ribe und Tøndern im dänischen Jütland über Leck und Bredstedt bis Husum, damals Schauplatz einer der größten Viehmärkte Europas. Der Ochsenweg bei Leck ist ein archäologisches Denkmal.

Ochsenhändler kauften im Frühjahr den Kleinbauern in Jütland die Magerochsen ab. Auf den saftigen Weiden im südlichen Nordfriesland sollten sie sich später Gewicht anfressen, bevor sie nach Westfriesland und ins Rheinland verfrachtet wurden. Die Ochsen wurden zu »Driften« vereinigt und südwärts getrieben. Die wichtigsten Markttage in Husum waren der letzte Donnerstag im April und der erste im Mai. Es muss ein Spektakel gewesen sein, wenn innerhalb weniger Wochen bis zu 50.000 Tiere über den Ochsenweg zogen. Mindestens 20 Kilometer am Tag waren das Etappenziel. Für je 50 Tiere engagierten die Händler drei Treiber. Zu Fuß liefen sie den Herden hinterher.

Station wurde an den Krugwirtschaften gemacht. Ein sogenannter Futterschaffer reiste voran, um Heu für die Tiere, Verpflegung und Quartier für die Treiber zu bestellen. Die Namen der Herbergen nahmen oft Bezug auf den Ochsenweg. Eine hieß »Du büst Kropper Busch noch ni vörbi«, eine Warnung vor Räubern auf dem nächsten Teilstück.

Adresse Lecker Chaussee, 25917 Leck-Klintum | Anfahrt von der B 199 in die Lecker Chaussee, nach 300 Metern auf der linken Seite, Parkplatz beim Wildgehege (ist ausgeschildert) | Tipp Auf der anderen Straßenseite gegenüber vom Parkplatz: Sonnenuhren aus Kupfer und Messing von Hans-Dieter Gröling (Tel. 0152/56826674).

46 Schloss Schackenborg

Wo Dänemarks Prinz zu Hause war

Das Schloss ist von einem Wassergraben umgeben, ein hoher schmiedeeiserner Zaun sichert es zusätzlich. Durch das Tor am Hauptportal mit den goldenen Kronen hat man trotzdem einen schönen Blick auf die Residenz im gepflegten Park. Als Barockschloss wurde sie im 17. Jahrhundert gebaut, später im Stil des Rokoko und des Klassizismus verändert. Das Schloss ist saniert und in einem guten Zustand. Besichtigen konnte man es bisher nicht, Führungen durch den Park sind im Sommer möglich.

Seine Königliche Hoheit Joachim Holger Waldemar Christian Prinz zu Dänemark und seine Frau Prinzessin Marie haben hier nahe der deutschen Grenze mit ihren zwei Kindern gelebt. Prinz Joachim, zweiter Sohn von Königin Margarethe II. von Dänemark und Prinzgemahl Henrik, führte seit 1993 auch das zugehörige Gut Schackenborg, einen Landwirtschafts- und Forstbetrieb. Der Prinz hat Agrarwissenschaften studiert, auf einer Farm in Australien gearbeitet. Dann, im Sommer 2014, zog die königliche Familie in eine Wohnung nach Kopenhagen. Der Prinz wolle seinen beiden Kindern aus erster Ehe nahe sein, war einer der offiziell genannten Gründe. Dänische Zeitungen schrieben, das Unternehmen Schackenborg sei hoch verschuldet. Das Schloss wurde einer Stiftung übertragen, sie soll es erhalten und die Räume gelegentlich für kulturelle Veranstaltungen öffnen.

Früher stand hier eine Burg, das Møgeltønderhus, ein Lehen des Bischofs von Ribe. Während der Reformation wurde es vom König konfisziert. Er schenkte es 1661 dem Feldherrn Hans Schack für seine Verdienste im Krieg gegen Schweden und machte ihn zum Grafen. Dieser baute das Schloss und nannte es Schackenborg. Zehn Generationen lang wurde die Residenz vom Vater auf den Sohn vererbt. Da der elfte Graf keine Nachkommen hatte, gab er es zurück an die Krone. Seit Prinz Joachim ausgezogen ist, ist es von der Liste der königlichen Schlösser gestrichen.

Adresse Schackenborgvej, Møgeltønder, 6270 Tønder, Dänemark, Tel. 0045/79/306900 | **Anfahrt** von Tønder auf dem Nordre Landevej Richtung Møgeltønder, 700 Meter nach dem Kreisverkehr links in den Schackenborgvej, nach zwei Kilometern auf der rechten Seite | **Öffnungszeiten** Führungen durch den Garten auf Anfrage | **Tipp** Gegenüber des Schlossportals führt der geschotterte Slotfeltvej 900 Meter zum Kulturzentrum Slotfeltladen. Das Dach des aufwendig restaurierten Hofes hat die Form eines gestülpten Bootsrumpfes.

47 Die Slotsgaden

Die schönste Dorfstraße Dänemarks

Die Fassaden der alten Backsteinhäuser stehen schief, auf dem Katzenkopfsteinpflaster kann man kaum laufen. Aber gerade das macht den Charme der Slotsgaden aus, der Schlossstraße von Møgeltønder. 1.200 Einwohner hat die Gemeinde, deren südliche Grenze die deutsch-dänische Staatsgrenze ist. Und mit der Slotsgaden kann der kleine Ort sich rühmen, die schönste Dorfstraße Dänemarks zu haben. Jedenfalls ist sie ein gut erhaltenes geschlossenes Ensemble reetgedeckter Friesenhäuser aus dem 17. und 18. Jahrhundert. Einige schieben ihre Erker in die Straße, die auf beiden Seiten mit Linden bepflanzt ist. Vor anderen neigen sich mächtig Fahnenmasten, immer bereit für die nächste Parade. Vor manchem Haus steht eine weiße Bank, im Sommer blühen die Rosen. Prächtig verzierte Türen haben alle Häuser. In einigen Fenstern sind Suppenschüsseln oder sonstiges altes Geschirr dekoriert.

Viel Altes kann man auch kaufen. Antiquitätenhändler stellen Gebrauchtes vors Geschäft und locken so ins Innere, das manchmal groß wie eine Scheune ist. Wer erschöpft vom Stöbern ist, kann sich im Kleinod der Slotsgaden erholen, im bunten Garten von »Mormors Lille Café«.

Eine Schatzkammer ist die Kirche Sankt Nikolaus am westlichen Ende der Slotsgaden, in der Prinz Joachim zu Dänemark das zweite Mal geheiratet hat und seine Kinder taufen ließ. Die kleinere der beiden Glocken im Turm ist seit 1333 in Møgeltønder zu hören. Die Kirche ist reich ausgemalt, die Empore auf der linken Seite zeigt Bibelszenen und die Namen der Sponsoren, die hier über den Sitzbänken des Volkes ihren angekauften Stammplatz hatten. Noch etwas höher liegt die Loge der Grafen von Schloss Schackenborg, in deren Privatbesitz die Kirche lange war. Die Orgel wurde 1679 in Hamburg gebaut. 420 Reichstaler hat sie damals gekostet, das war der Preis von 70 Kühen. Die Orgel ist die älteste Dänemarks und wird noch heute gespielt.

Adresse Slotsgaden, Møgeltønder, 6270 Tønder, Dänemark | Anfahrt von Tønder auf dem Nordre Landevej Richtung Møgeltønder, 700 Meter nach dem Kreisverkehr in den Schackenborgvej, am Schloss vorbei geradeaus, gegenüber des Schackenborg Slotskro (Schlosskrug) liegt ein großer Parkplatz | Öffnungszeiten Kirche: täglich 8–16 Uhr | Tipp Wattenmeerschokolade, Trüffel und Brottorte probieren in der Schokoladenmanufaktur Fruens Vilje von Conni Jensen in der Ved Gaden 3, Rudbøl Kog, 6280 Højer (Di–So 11–22 Uhr).

48 Der grüne Strand

Deichschweine haben hier Platzverbot

Es gibt auch bunte Strände. Rot ist der in der Bucht Kokkini Paralia im Süden der griechischen Insel Santorin, umgeben von ebenfalls roten Felsen, die der Vulkan erbrochen hat. Pink Sands heißt ein Strand auf Harbour Island, das zu den Bahamas gehört. Korallen mischen sich dort mit dem eigentlich weißen Sand und lassen ihn pastellfarben leuchten. Grün ist der Papkolea Beach im Süden von Hawaii, grüne Kristalle der Olivingesteine geben ihm die Farbe. Und auch Nordstrand hat grüne Strände.

Zugegeben, keine aus Sand. Auf Nordstrand stehen die Strandkörbe – naturgemäß etwas schief – auf der flach abfallenden Seeseite des Deiches an den Badestellen Fuhlehörn und Holmer Siel auf Gras. Je nachdem, wie man sie als Windschutz ausrichtet, hat man leichte Schlagseite im Korb. Im Frühjahr blüht der Strand sogar. Beste Badezeit ist bei Flut, wenn das Wasser an der Steinkante der Insel leckt. Für Kinder, die trotz Wiesenstrand buddeln wollen, hat man kleine Sandkuhlen angeschüttet. Die besten Küstenschützer haben am grünen Strand Platzverbot: Die Deichschweine, wie die Leute die Schafe nennen, die sonst überall auf den Deichen das Erdreich festtrampeln, sind hier durch mobile Zäune ausgesperrt.

Auch die Insel Pellworm hat solche grünen Strände. Am Leuchtturm, hinter der Alten Kirche, links und rechts neben dem Anleger der Fähre zur Hallig Hooge und an den Badestellen Süderkoog, Kaydeich, Schütting, Nordermühle und Hörn.

Strömungsspezialisten schließen nicht aus, dass Pellworm irgendwann auch einen breiten weißen Sandstrand an der Westseite haben wird, so wie Amrum den Kniepsand (siehe Orte 2 und 6). Die drei großen Sandbänke Japsand, Norderoogsand und Süderoogsand vor den nordfriesischen Inseln und Halligen wandern nach Osten. Süderoogsand um 40 Meter pro Jahr. Noch liegt Norderoogsand sechs Kilometer vor Pellworm. Wenn der Sand das Tempo hält, kann man sich ausrechnen, wann er dort ankommt.

Adresse Badestellen Fuhlehörn und Holmer Siel, 25845 Nordstrand | Anfahrt über die Pohnshalligkoogstraße (Damm) nach Nordstrand; nach Fuhlehörn: auf der Straße Westen bis zum Parkplatz beim Matjes Michel, weiterer Parkplatz links am Püttenweg; zum Holmer Siel: von der Straße Elisabeth-Sophien-Koog nach rechts auf den Deich, Parkplatz und Strandkorbvermietung vor der Schleuse | Tipp Von der Badestelle Holmer Siel führt ein Fahrradweg über Lüttmoorsiel bis zur Hamburger Hallig. Die Strecke verläuft durch das Naturschutzgebiet Beltringharder Koog.

49_Der Klima-Deich

Hier wird noch eine Schippe draufgelegt

»Hallig-Blick«, »Watt'n Blick« – manche Adresse hinterm Deich verspricht beste Aussichten übers Wasser. Aber mehr und mehr wird der Blick verstellt. Die Deiche wachsen in die Höhe. Ozeanforscher haben ausgerechnet, dass in Norddeutschland innerhalb der nächsten hundert Jahre die Temperatur um drei bis fünf Grad Celsius und der Meeresspiegel jährlich um drei Millimeter steigen werden. Deshalb wird vorgesorgt. Der Klima-Deich wird gebaut.

»Deus mare, Friso litora fecit« (Gott schuf das Meer, der Friese die Küste). Ein stolzer Spruch, der die gewaltige Leistung der Bewohner ehrt, welche die Deiche über Jahrhunderte errichtet haben. 800 Kilometer Deiche hat Nordfriesland. Die Außendeiche direkt am Wasser und viele im Hinterland, die früher Außendeiche waren. Dazwischen liegen die Köge, Acker- und Überschwemmungsland, das man dem Meer abgerungen hat. Die Außendeiche müssen aufgestockt werden.

Auf Nordstrand und bei Dagebüll ist der Klima-Deich schon fertig. Entlang der Küste wird man noch viele Jahre brauchen. Bulldozer schieben sich über den Deich. Geländegängige Schlepper bringen Baumaterial, das Schwimmbagger aus dem Meeresgrund gesogen haben. Die Arbeiten werden als dringend eingestuft, auch an Wochenenden darf gebaut werden. Allein für ein Teilstück von 2,5 Kilometern zwischen dem Nordstrander Fähranleger und Norderhafen hat man Kosten von 20 Millionen Euro veranschlagt.

Die Deiche werden von acht Meter über Normalnull um 70 bis 100 Zentimeter erhöht. Vor allem ihr Profil verändert sich. Die Deiche werden zur Seeseite flacher, das Verhältnis Höhe zu Breite beträgt nicht mehr 1 zu 6, sondern 1 zu 10. Flache Deiche überstehen Fluten besser als steile. Gleichzeitig wird die Deichkrone erheblich breiter. Eine Investition für spätere Generationen. Die können dann mit wenig Aufwand noch einmal eine Kappe auf die Deichkrone setzen, falls die Ozeane weiter steigen.

Adresse Fähranleger Strucklahnungshörn / Norderhafen, 25845 Nordstrand | Anfahrt über die Pohnshalligkoogstraße (Damm) nach Nordstrand, dort von der Osterkoogstraße durch Odenbüll auf die Alterkoogchaussee bis zum Deich (Fähranleger ist ausgeschildert) | Tipp Fangfrische Krabben zum Selbstpulen verkauft Fischer Claus Koch direkt vom Kutter im Hafen Strucklahnungshörn. Die Maßeinheit: ein Eimer.

50 Der Pharisäerhof

Wo das Rum-Getränk erfunden wurde

Die Menschen im Norden haben nicht nur ihren eigenen Kopf, sondern auch ihre eigenen Getränke. Sie bevorzugen schwarzen Tee. Mindestens genauso gerne mögen sie ein Bier, das in Flensburg gebraut wird. Wenn der Wind kalt über die Deichkante pustet, sind sie einem s-teifen Grog nicht abgeneigt. Oder zweien. Oder dreien. Dann ist da noch der Pharisäer, der ebenso als Nationalgetränk der Friesen gerühmt wird: Kaffee mit Zucker und mit Rum. Und obendrauf kommt Sahne.

Auf der Insel Nordstrand soll der Pharisäer erfunden worden sein. So erzählen die Menschen sich die Geschichte: Es war im Jahr 1872. Nordstrand hatte einen Pastor, der kein Freund des Alkohols war. Jeden Sonntag wetterte er im Gottesdienst gegen die Sauferei der Nordfriesen. Mit mäßigem Erfolg. Eines Tages war Taufe. Bauer Peter Georg Johannsen hatte danach zur Kaffeetafel geladen, wie es Sitte war. Natürlich gab es nur Tee und Kaffee, schließlich war auch der Pastor zu Gast. Johannsen wollte nicht als Ungläubiger erscheinen, irgendwann werde der Mann der Kirche ja wohl gehen. Aber der blieb, verquatschte sich. Was sollte bloß aus dem Täufling einmal werden, den man nicht gehörig begossen hatte? Da kam Bauer Johannsen eine pfiffige Idee. Er ließ starken, süßen Kaffee aufbrühen mit einem ordentlichen Schuss Rum. Eine dicke Sahnehaube obendrauf sollte dessen Geruch abdecken. Der Pastor bekam natürlich eine Mischung ohne Rum. Es wurde eine schöne, fröhliche und auch laute Feier. Der Pastor selbst fand es lustig – bis man ihm aus Versehen auch eine Tasse Rum-Kaffee servierte. Erst war er entsetzt, dann hob er versöhnlich den rechten Zeigefinger und rief: »Oh, ihr Pharisäer!«

So bekam das Getränk seinen Namen. Das soll im Pharisäerhof gewesen sein, heute Café, Bistro, Hofladen und Hotel. In einen richtigen Pharisäer gehören übrigens mindestens vier Zentiliter Rum. Ein Richter hat's entschieden.

Adresse Elisabeth-Sophien-Koog 3, 25845 Nordstrand, Tel. 04842/353 | **Anfahrt** über die Pohnshalligkoogstraße (Damm) nach Nordstrand, von der Pohnshalligkoogstraße rechts in den Jebeweg, links auf den Fahrweg zum Pharisäerhof | **Öffnungszeiten** Café und Hofladen: Mi–Mo 13–17 Uhr, Bistro / Restaurant: Mi–Mo 17–21 Uhr | **Tipp** Schöner Blick über den Deich zur Hallig Nordstrandischmoor: vom Pharisäerhof nach rechts auf den Hamburger Deich, 2.500 Meter bis zum Ortsteil »Oben«.

51__Die sieben Flaggen

Sie sind aus Stein und flattern trotzdem

Sie sind schon von Weitem zu sehen, links, am Ende des Damms, der vom Festland nach Nordstrand führt. Die sieben Flaggen. Der Steinmetz Tom Müllers hat sie aus Granit und Gneis geschlagen und an Masten aus Lärchenholz befestigt. Die Flaggen scheinen zu tanzen. Die Skulpturengruppe lebt durch den Kontrast zwischen der Leichtigkeit der wie im Winde flatternden Fahnen und der Schwere des Materials.

Man muss sich in die Geschichte von Nordstrand versetzen, um die sieben Flaggen zu verstehen. Es ist die Nacht vom 11. auf den 12. Oktober 1634, ein Orkan fegt übers Meer, viel stärker als alles, was die Menschen je gesehen haben. Die Deiche brechen, innerhalb von nur einer Stunde reißt die Sturmflut die damalige Insel Strand in Stücke. 6.400 von 9.000 Bewohnern und 50.000 Tiere ertrinken. 19 Kirchen, 1.300 Häuser und 30 Windmühlen versinken im Wasser. Zurück bleiben die Inseln, die heute Nordstrand und Pellworm heißen, die Halligen Südfall und Nordstrandischmoor sowie die Hamburger Hallig.

Am Anfang haben die Menschen auf Nordstrand nicht die Kraft, sich mit neuen Deichen zu schützen. Nordstrand ist nun eine Hallig, wird immer wieder überspült. Dann fängt man doch an, Dämme zu bauen. Die Flächen dahinter werden entwässert und die Köge angelegt, um Ackerland zu schaffen. Erst der Friedrichskoog, dann der Marie-Elisabeth-Koog. Der Pohnshalligkoog ist erst 1924 fertig geworden. Sieben Köge werden es. Für sie stehen die sieben Flaggen. Der Künstler Tom Müllers hat die Skulpturengruppe entgegen den üblichen Windrichtungen Südwest bis Nordwest ausgerichtet. Er hat die behauenen Steine, die selbst seit Millionen Jahren den Elementen trotzen, mit Holz kombiniert, das ungeschützt Sonne, Wasser, Wind kaum widerstehen kann und doch wie kaum ein anderes Material ein Symbol des Lebens ist. So werden die sieben Flaggen als Sinnbild für Vergänglichkeit und Ewigkeit interpretiert.

Adresse am Ende des Nordstrander Damms, 25845 Nordstrand | **Anfahrt** über die Pohnshalligkoogstraße (Damm), nach 2.600 Metern links großer Parkplatz | **Tipp** 300 Meter am Deich entlang liegt die Schäferei Baumbach mit Hofladen. Eine Versuchung: der Schafskäse mit Rosenblüten (geöffnet April–Okt. Mo–Sa 9–18 Uhr, Nov.–März Mo–Sa 9–16.30 Uhr).

52 Der Theresiendom

Wie die Alt-Katholiken auf die Insel kamen

Pfarrer Georg Reynders ist ein Freund klarer Worte. Wenn er sonntags zu »Zweiflern, Ungläubigen und anderen guten Christen« sprach, konnte es auch schon mal lustig sein. Reynders machte Witze, während er das Evangelium interpretierte. Seine Zuhörer durften lachen in der Kirche. Der Pfarrer, ein moderner Mann, stellte seine Predigten als Podcast ins Netz. Klickzahlen belegen: Die Botschaft kam an. Reynders ist jetzt im Ruhestand. Aber auch sein Nachfolger stellt die Gottesdienste online.

Drei Gotteshäuser stehen auf Nordstrand dicht beieinander: die evangelische Kirche Sankt Vincenz, die römisch-katholische Kirche Sankt Knud und die alt-katholische Kirche Sankt Theresia. »Dom« haben seine Erbauer 1662 über das Kirchenportal geschrieben. Der Pfarrer von Sankt Theresia ist Seelenhirte für 350 Alt-Katholiken in Schleswig-Holstein und Bremen. Alt-Katholiken sind anders: Der Pfarrer wird demokratisch gewählt, Beichte und Zölibat sind kein Muss, die Unfehlbarkeit des Papstes erkennen sie nicht an, auch Frauen können Priesterinnen sein.

Die alt-katholische Gemeinde besteht schon seit 1654. 20 Jahre nach der Burchardiflut, die Strand zerstört und Nordstrand übriggelassen hatte, heuerte Friedrich III. von Dänemark Deichbaumeister aus Brabant und Flandern an, um die Insel neu einzufrieden. Er musste den Einwanderern aber große Zugeständnisse machen. Er versprach ihnen nicht nur Land, er garantierte den katholischen Deichbauarbeitern auch Religionsfreiheit, obwohl die lutherische Religion Staatsreligion war.

Die Einwanderer haben auch den Theresiendom gebaut. An der Kanzel hängt eine Stickerei, Faksimile einer Handschrift der spanischen Patronin Theresia von Ávila. Übersetzt heißt es: »Nichts verwirre dich, nichts ängstige dich, alles geht vorbei, von Gott kann man nicht ablassen, mit Geduld kann man alles erreichen. Wer Gott hat, dem fehlt nichts. Basta.«

Adresse Osterdeich 1, 25845 Nordstrand, Tel. 04842/409 | **Anfahrt** von der Osterkoogstraße auf den Engländer Deich Richtung Süden, rechts auf den Herrendeich bis zum Ende | **Öffnungszeiten** täglich 10–18 Uhr | **Tipp** Nur ein paar Meter zu Fuß: In ihrer Nordstrander Töpferei modellieren Marcus Borowski und Falk Petersen friesische Gebrauchskeramik nach dem Vorbild von Funden im Watt. Jedem Besucher wird Tee angeboten (Süden 44).

53 Der Hauke-Haien-Koog

Aber bitte nicht aussteigen!

Ein Koog ist ein durch Deiche geschützter Bereich der Marsch. Vereinfacht beschrieben wird dabei ein Stück Land, das bei Ebbe trockenfällt, durch einen Damm vom Meer abgeschnitten und so entwässert. Den Hauke-Haien-Koog hat man erst vor knapp 70 Jahren angelegt. Er grenzt im Süden an Ockholm, im Westen an Schlüttsiel, im Norden an Fahrtoft. Der Koog ist so groß wie etwa 1.800 Fußballplätze. Benannt ist er nach dem Deichgrafen Hauke Haien, Titelfigur in Theodor Storms Novelle »Der Schimmelreiter«.

Der Hauke-Haien-Koog ist der erste Koog, der nicht nur zur Gewinnung von Ackerland vorgesehen war. Der größere Teil, direkt am Deich, sind zwei Süßwasser-Speicherbecken. Sie sollen Wassermassen aus dem Binnenland aufnehmen, die bei drückendem Weststurm nicht in die Nordsee ablaufen konnten. Im Laufe der Jahre haben sich diese Wasserflächen zu wertvollen Lebensräumen für brütende und rastende Vögel entwickelt. Das Areal ist international bedeutend, seit 2006 Europäisches Vogelschutzgebiet.

Bis zu zwölf Millionen Vögel halten sich im Laufe eines Jahres rund ums Wattenmeer auf. Einige bevorzugen die Salzwiesen auf den Halligen, andere das Feuchtgrünland hinter den Deichen. Sie kommen aus den Winterquartieren im Süden. So auch der Knutt, ein Langstreckenflieger von der Größe einer Amsel. Nach 10.000 Kilometern landet er in Nordfriesland, frisst sich satt, verdoppelt sein Gewicht und fliegt nach drei Wochen noch einmal 4.500 Kilometer in sein Brutgebiet in Sibirien – nonstop! Für Nachwuchs sorgen hier andere Vögel.

Selten kommt man ihnen so nah wie am Hauke-Haien-Koog. Tausende Graugänse sind zu sehen, alle Arten von Enten, Austernfischer, Seeschwalben, Sandregenpfeifer. An der Straße am Deich sind Beobachtungsparkbuchten angelegt. Aber bloß im Auto bleiben! Es dient als Versteck. Wer aussteigt, verscheucht im weiten Umkreis die Vögel. Das ist ärgerlich, auch für andere.

Adresse Hauke-Haien-Koog, 25842 Ockholm | Anfahrt von der B 5 in Bredstedt nach Ockholm, dann die Straße am Deich entlang Richtung Schlüttsiel/Dagebüll, links und rechts Parkbuchten | Tipp Ockholm, jetzt eingedeicht, war früher eine Hallig. Die Häuser stehen auf Warften. Auf der Peterswarft wurden Teile des Films »Der Schimmelreiter« gedreht mit John Phillip Law als Hauptdarsteller und Gert Fröbe als altem Deichgraf (1978).

54 Die Treene

Märchenland für Paddler

Bei Esperstoft schlängelt sie sich durch die saftigen Wiesen, vorbei an den Schwarz-Weißen, die am Ufer grasen. Träge fließt die Treene hier, nimmt mühsam Anlauf, um sich nur ein kleines Stück flussabwärts gurgelnd über eine Staustufe zu stürzen. Bei Treia, wo der Bischof früher Zoll kassierte, wird die Treene Fluss. Wo die Rheider Au in die Treene fließt, erreicht sie eine Breite von 25 Metern. Aber aufwärts, ab Oeversee, ist sie Paradies für Kanu- und Kajakfahrer. Diese 57 Flusskilometer sind Paddel-Märchenland.

Aus Schmelzwasser ist die Treene am Ende der Eiszeit entstanden. Der Treßsee nahe Flensburg, in den sich die Bondenau ergießt, ist ihre Quelle. Erst geht es westlich, dann Richtung Süden. Nach 95 Kilometern mündet der Fluss bei Friedrichstadt in die Eider. Dazwischen hat sich der Fischotter wieder angesiedelt, Eisvögel sind vom Boot aus häufiger zu sehen. Die überall in Europa stark gefährdete Kleine Flussmuschel hat in der Treene noch ihren Lebensraum. Kanuverleiher bieten ihre Dienste an. Für kürzere und längere Strecken bis 14 Kilometer. Mit leichteren und anspruchsvolleren Schwierigkeitsgraden.

Früher ist neben der Treene der Stapelholmer Weg verlaufen. Er war wichtiger Frachtweg der Flensburger Kaufleute. Sie hatten am Unterlauf der Eider Umschlagplätze – Stapelplätze – für holländische und englische Waren eingerichtet. Süderstapel und Norderstapel heißen heute noch zwei Orte. Schweineherden nutzten ebenfalls den alten Weg. In Jütland aufgekauft, wurden die »Klockeswien« nach Süden getrieben. Sie trugen kleine Glocken um den Hals, deren Bimmeln sie beim Verlassen der Herde verriet.

Vorher haben Wikinger den Weg und die Treene genutzt. Hollingstedt war ihr Nordseehafen. Bis dahin konnten sie über Eider und Treene mit ihren Lastkähnen kommen. Von dort ging es weiter über Land bis zu ihrem wichtigsten Handelsplatz, dem sagenumwobenen Haithabu bei Schleswig.

Adresse Kanu-Einstiegsstelle an der B 201 gegenüber dem »Treenestübchen« hinter dem Feuerwehrhaus, 24896 Treia | Anfahrt von der A 7 an der Anschlussstelle Schleswig Schuby auf der B 201 Richtung Husum, zwölf Kilometer | Tipp Keramiken, Schwerter, hölzerne Tonnen. Bei Hollingstedt, sieben Kilometer südlich, hat man am Treeneufer Spuren der Wikinger gefunden. Im Hollinghuus sind sie dokumentiert (geöffnet täglich 8–18 Uhr).

55 Das Herrenhaus Hoyerswort

Nachts spukt der Geist der flinken Tänzerin

Bei einer großen Hochzeit auf dem Adelssitz war es. Violinen erklangen. Immer schneller drehte sich ein schönes Mädchen im Kreis, gar nicht genug konnte es bekommen vom Tanzen. Die Mutter warnte die übermütige Tochter. Aber diese entgegnete: »Und wenn es der Teufel persönlich wäre, ich würde ihm keinen Tanz ausschlagen!« In diesem Augenblick kam ein Unbekannter herein, es war der Teufel. Er bat die Frau zum Tanz. So lange schwenkte er sie herum, bis sie Blut erbrach und tot umfiel. So erzählt man es sich. Ein Fleck hinter einem Teppich im Kaminzimmer, angeblich Blut, soll die Legende belegen. Und jede Nacht um Mitternacht soll es spuken im Schloss. Der Geist der flinken Tänzerin schwebe dann umher, das ganze Schloss hüpfe zu höllischer Musik auf und ab.

Caspar Hoyer hat das Herrenhaus mit dem achteckigen Turm von 1580 bis 1594 bauen lassen. Er hatte den dänischen König auf vielen Feldzügen begleitet. Als Dank erhielt er Land auf der Halbinsel Eiderstedt und das Amt des Stallers. Das war der oberste Beamte und Aufseher des Königs. Der Staller durfte die Abgaben eintreiben. Man sagt, in seiner Amtszeit habe es im Land mehr Gold und Silber gegeben als Messing und Eisen. Sieht man sich den Renaissancebau mit den geschweiften Giebeln genauer an, muss Caspar Hoyer jedenfalls ein reicher Mann gewesen sein.

Der Herrensitz ist über die Jahrhunderte kaum verändert worden, hat aber viele Besitzer gehabt. 1713 nahm hier der König die Kapitulation der Schweden entgegen, womit der Große Nordische Krieg beendet war. In den unteren Räumen betreibt die Tochter des Hauses heute ein Café mit vollwertigen Kuchen, oben ist ein Museum eingerichtet, das die Geschichte der Region erklärt. Caspar Hoyer war als Staller auch Richter. Das Halseisen des damaligen Prangers lässt ahnen, dass es nicht zimperlich zuging.

Adresse Kotzenbüller Chaussee 2, 25870 Oldenswort, Tel. 04864/2039838 | Anfahrt von Tönning über die B 202 Richtung Garding, rechts in den Axendorfer Weg, nach 3.800 Metern auf der linken Seite | Öffnungszeiten Café: Mi–Mo 11–18 Uhr, Jan.–Febr. nur Sa, So; Brasserie: Mi–Sa ab 17 Uhr; Mi 15 Uhr führt der Hausherr als Caspar Hoyer in alter spanischer Tracht durch das Anwesen (Voranmeldung) | Tipp Neben dem Herrenhaus steht ein großer Haubarg, früher ein typischer Bauernhof auf Eiderstedt. Drinnen und auf einer Bühne davor finden Konzerte statt.

56__Die Hofkäserei

Mit dem Halligauftrieb fängt alles an

Auf die Idee muss man kommen: seine Kühe in Urlaub schicken. Jasper und Thilo Metzger-Petersen machen das. Sie führen den Hof und die Käserei Backensholz bei Oster-Ohrstedt. In jedem Frühjahr schicken die Brüder ihre Jungtiere auf die Kräuterwiesen der Hallig Gröde (siehe Ort 28). Die erste Milch geben sie sowieso erst nach 30 Monaten. Der Halligauftrieb ist die nordfriesische Antwort auf den Almauftrieb. Leider, irgendwann geht's für die Färsen zurück auf die Kleegrasweiden am Hof. Ab jetzt wird gekäst.

Backensholz ist dänisch und bedeutet »hinterm Wald«. Das ist für die Lage des Hofes sehr treffend, nicht für die Philosophie der Brüder. Der Bio-Betrieb ist ein Kreislaufhof. Gras, Heu, Silage, Getreide – alles, was die 300 Kühe brauchen, wird selbst angebaut. Jasper kümmert sich um die Landwirtschaft, Thilo um die Käserei. »Unsere Milch hat ein Gesicht«, sagt der Lebensmitteltechnologe. Gleich nach dem Melken wird die Rohmilch in die Käsekessel gepumpt. Hier wird sie »dick gelegt«, Enzyme werden beigefügt. In Formen gefüllt schwimmt der Käse dann im Salzwasserbad. Im Reiferaum pflegen die Mitarbeiter die Laibe vier Mal in der Woche mit Öl und Wein. Der Deichkäse darf bis zu zwei Jahre reifen. »Fest und cremig bröckelnd zugleich. Mit einem Aroma, das sich mit zarten Karamellnoten ankündigt«, so hat eine Testerin den Käse beschrieben. Bei den World Cheese Awards wurde er einer der besten Käse der Welt. Den Friesisch Blue, einen Blauschimmelkäse mit Roquefort-Nuancen, kann man auf dem Salon du Fromage verkosten, der wichtigsten Käse-Messe der Welt.

Seit einigen Jahren widmet man sich auch dem Fleisch, experimentiert mit der alten Rasse Husumer Protestschwein und Trockenreifung. Baut eigenes Gemüse an. Da lag es nah, »den Hof auf den Teller zu bringen, zu erzählen, was Erde, Luft und Wasser zu bieten haben«. Spitzenköche tischen das im Farm-to-Table-Lokal Hofküche auf.

Adresse Schwabstedter Damm 8–10, 25885 Oster-Ohrstedt, Tel. 04626/18580 | Anfahrt von der B 201 etwa 1.500 Meter über den Schwabstedter Damm, dann rechts durch eine Allee | Öffnungszeiten Hofladen: März–Dez. Mo–Fr 10–18 Uhr, Sa 10–14 Uhr, Jan.–Febr. Di–Fr 10–18 Uhr, Sa 10–14 Uhr; Restaurant Hofküche: für mehrere Events im Monat geöffnet, Termine unter www.backensholz.de | Tipp Einen schönen Blick auf die Treene-Marsch hat man vom kleinen Ort Rott aus. Von Oster-Ohrstedt über die L 38 nach Ostenfeld, hier 1.500 Meter Richtung Hollingstedt, nach Ortsende rechts Richtung Rott.

57_Die Alte Kirche

Ein Seeräuber hauste in ihrem Turm

Die Neue Kirche am Liliencronweg ist ganz alt, von 1621. Aber die Alte Kirche Sankt Salvator auf Pellworm ist betagter als der Kölner Dom. Unter dem Fundament der heutigen Apsis hat man Eichenbalken gefunden, die zur Vorgängerkirche gehörten. Dieses hölzerne Gotteshaus soll Ende des 11. Jahrhunderts errichtet und im 12. Jahrhundert überbaut worden sein. Da hatte man für den Kölner Dom noch nicht einmal Pläne gemacht.

Die schiefe Turmruine aus Ziegeln ist Wahrzeichen der Insel, war einst Seezeichen und ist sogar von Föhr und Amrum aus zu sehen. Früher war der Turm mit der Kirche verbunden, heute steht die Ruine allein. Falken nisten darin. Im 15. Jahrhundert nutzte der Seeräuber Cort Wiederich den Turm als Burg. Wenn der Turm wirklich, wie behauptet wird, im 13. Jahrhundert gebaut worden ist, hat er die Grote Mandränke überstanden, die schwere Flut von 1362. Er ist dann aber 1611 in sich zusammengefallen, die Fundamente waren nicht stabil genug. Immerhin sind 26 Meter Höhe übrig geblieben. Auch der zweiten großen Flut (1634) haben Turmruine und Kirche getrotzt. Damals versanken 19 von 22 Kirchen.

Im Kirchenschiff steht ein mächtiger Beichtstuhl aus Tannenholz. Ein Beichtstuhl in einer evangelischen Kirche? Er stammt aus dem Jahr 1691. Das weist darauf hin, dass die Beichte in der lutherischen Kirche zwar nicht als Sakrament beibehalten, aber als »Amt der Schlüssel« praktiziert wurde. Laut Kirchen-Definition ist das »die besondere Gewalt, die Christus seiner Kirche auf Erden gegeben hat, den bußfertigen Sündern zu vergeben, den unbußfertigen aber die Sünden zu behalten, solange sie nicht Buße tun«. Bis zum Ende des 19. Jahrhunderts wurde in der Alten Kirche gebeichtet. Die Arp-Schnitger-Orgel, das einzige in Schleswig-Holstein erhaltene Instrument des barocken Orgelbauers, ist für ihren Klang so berühmt, das Orgel-Virtuosen aus aller Welt hier ihre Tonträger bespielen.

Adresse Alte Kirche, 25849 Pellworm, Tel. 04844/992399 (Pastorat) | **Anfahrt** über die Alte Kirchchaussee auf den Klostermitteldeich, am Ende links auf den Alten Kirchenweg | **Öffnungszeiten** täglich 9–18 Uhr | **Tipp** Der kleine Laden im Reetdachhaus hinter der Kirche am Deich heißt »Altes Pastorat«. Barbara Pastors verkauft »schöne Dinge aus alter Zeit«. Geöffnet ist, wenn die Tür offen steht.

58 Das Momme-Nissen-Haus

Kirche, Gemeindehaus, Schulraum

Der alte Pfarrer, der manchmal auf die Insel kam, hatte nicht oft Gelegenheit zu einem katholischen Gottesdienst. Meist war es bei einer Beerdigung, erzählte er gerne. Und der einzige katholische Teilnehmer an der Feier habe im Sarg gelegen. Zwei alte evangelisch-lutherische Kirchen hat Pellworm, die drittgrößte der nordfriesischen Inseln. Katholiken unter den 1.200 Bewohnern gibt es nicht viele. Diaspora hat man das früher genannt, wenn eine Religionsgruppe in einer extremen Minderheitensituation ist. In der Saison sind viel mehr katholische Urlauber auf Pellworm als Insulaner. Dann werden Ferienpriester gesucht.

Wenn im Sommer für die Gäste und die Einheimischen ab 1973 doch katholische Gottesdienste stattfinden konnten, stellten die Protestanten ihre Kirche zur Verfügung. Seit 1978 ist das anders. Seither gibt es das Momme-Nissen-Haus mit der Petrus-Kapelle, dem Fischer vom See Genezareth geweiht. Jetzt können hier regelmäßig Messen gefeiert werden.

Benedikt Momme Nissen aus Deezbüll auf dem Festland war Maler. 1902 konvertierte er zum katholischen Glauben, porträtierte Päpste in Rom, trat in den Orden der Dominikaner ein und wurde Priester. Das Momme-Nissen-Haus ist Kirche, Gemeindehaus und Schulraum für den katholischen Religionsunterricht. Besondere Segnungsgottesdienste werden auch angeboten. Für alle, die nicht ein zweites Mal kirchlich heiraten dürfen, weil sie geschieden sind. Und für die, welche nicht kirchlich heiraten wollen, aber auf den kirchlichen Rahmen nicht verzichten mögen.

Das Gebäude war vor dem Umbau Bauernhaus. Wo jetzt die Kapelle ist, standen Kühe im Stall. Im alten Kornboden hat man Appartements eingerichtet. Die Fenster der Petrus-Kapelle hat der Künstler Franz Griesenbrock gestaltet. Sie zeigen unter anderem in bewegenden Bildern die Flut von 1634, als Tausende starben. Den Überlebenden steht das Entsetzen im Gesicht.

Adresse Bupheverweg 1, 25849 Pellworm, Tel. 04844/688 | Anfahrt vom Nordermitteldeich in den Bupheverweg, auf der linken Seite | Öffnungszeiten täglich 8–20 Uhr | Tipp Fährt man auf dem Bupheverweg weiter nach Norden, dann links über den Norderhaffdeich, erreicht man die Nordermühle aus dem Jahr 1652. Sie ist ein sogenannter Zwickstellholländer. Am Deich werden Strandkörbe vermietet.

59 Das Rungholt-Museum

Schätze der versunkenen Stadt

Man erzählt sich, dass bei sehr ruhiger See unter Wasser die Glocken von Rungholt zu hören seien. Dass die Handelsstadt, einst reich wie Rom, alle sieben Jahre in der Johannisnacht unversehrt aus dem Watt auftauche. Dann ist da noch diese Geschichte: Saufbolde hätten ein Schwein betrunken gemacht und ins Bett gelegt. Sie riefen den Pfarrer, damit dieser dem Tier die letzte Salbung reiche. Sie verhöhnten den frommen Mann, kippten Bier in seine Hostienbüchse. Der Pfarrer flüchtete in seine Kirche und bat, die Gottlosen zu bestrafen. In der folgenden Nacht kam das Wasser, und Rungholt ging unter.

Gesichert ist, dass es dieses Atlantis der Nordsee tatsächlich gab. Es wird heute in der Nähe der Hallig Südfall (siehe Ort 38) vor Pellworm verortet. Mit Salzhandel, Wolle und Bernstein sollen die Rungholter reich geworden sein. Dann die Flut von 1362. Den Dichter Detlev von Liliencron hat der Mythos zu seiner Ballade »Trutz, blanke Hans« inspiriert: »Ein einziger Schrei – die Stadt ist versunken, und Hunderttausende sind ertrunken. Wo gestern noch Lärm und lustiger Tisch, schwamm anderntags der stumme Fisch.«

Erst seit Anfang des 20. Jahrhunderts spülen die Gezeiten im Watt Reste der Warften, Bauten, Zisternen frei. Wattführer Hellmut Bahnsen findet ständig neue Spuren. Ausgraben darf er nichts, aber was er aufheben kann, trägt er mit Unterstützung des Archäologischen Landesamtes in sein Rungholt-Museum. Es sind nur zwei Räume in einem Schuppen, aber die sind gestopft voll. Hier sortieren Bahnsen und seine Frau Rita die Kulturfunde aus dem Wattenmeer. Scherben, Knochen, Kacheln, Handwerkszeug, ein Stück von einer Glocke. Gelagert auf nackten Brettern und von Hand beschriftet. Und Hellmut Bahnsen findet immer mehr.

Man kann Rita und Hellmut Bahnsen oft in ihrem Strandkorb vor dem Haus antreffen. Kommt ein Besucher, sperrt er den Schuppen auf, knipst das Licht an und erzählt.

Adresse Westerschütting 2, 25849 Pellworm, Tel. 04844/569 | Anfahrt von Tilli über Südermitteldeich und Osterschütting bis Westerschütting, gegenüber dem Ponyhof | Öffnungszeiten wenn jemand da ist | Tipp Bei Tilli in der Mitte der Insel steht die Neue Kirche Sankt Crucis. Sie ist mit dem Inventar der bei der Flut von 1634 zerstörten Gotteshäuser ausgestattet. Am spätgotischen Schnitzaltar lässt Gold die Szenen leuchten.

60_Das Standesamt im Leuchtturm

140 Stufen bis zum großen Glück

Kapitän Wilfried Eberhardt ist 16 Jahre lang den Leuchtturm von Pellworm hinaufgestiegen. Tausende Male. Er meint, er habe so viele Stufen genommen, als habe er wohl 15 Mal den Mount Everest (8.848 Meter) erklommen. 41,5 Meter über Grund ist der Leuchtturm hoch. Nach 140 Stufen erreicht man auf 36 Metern das Standesamt. Es ist das höchste des Nordens, vielleicht auch das kleinste. Kapitän Eberhardt hat das Kap der Guten Hoffnung umrundet, war 40 Jahre auf Großer Fahrt. Dann hat er im Leuchtturm das Standesamt eingerichtet.

Seit über 100 Jahren weist der Turm den Seefahrern den Weg. Er steht auf 127 Eichenpfählen, die man 14 Meter in den Grund gerammt hat. 16.400 Bolzen und Schrauben halten über 600 rotweiße Stahlplatten zusammen. Im Lampenhaus über dem Standesamt strahlt das Signalfeuer 42 Kilometer weit. Der Leuchtturm steht für Zuverlässigkeit, Stärke und Treue. Um zu heiraten, gibt es keinen symbolkräftigeren Ort.

Liebevoll hat Wilfried Eberhardt das Standesamt dekoriert. Mit einem Schild, das er aus einem Wrackteil hat schnitzen lassen. Mit einem Anker, »weil man doch im Hafen der Ehe einen sicheren Platz hat«. Mit einem Rettungsring, »weil man die Hoffnung nie aufgeben soll«. Fähnchen vieler Länder der Erde stehen im Regal, werden vor Braut und Bräutigam platziert, wenn der Standesbeamte das Ja-Wort besiegelt. Paare aus über 50 Nationen haben sich hier trauen lassen. Danach ging's zur festlichen Kapitänszeremonie, »um mit dem Glasen die neue Zeit zu begrüßen«. Wilfried Eberhardt hat die Schiffsglocke mit dem hellen Klang eigens anfertigen lassen. Er hat sich selbst wegen seiner Jugendliebe auf Pellworm niedergelassen. Nun ist der Kapitän von Bord gegangen. Auch für ihn hat ein neuer Lebensabschnitt begonnen. Heiraten kann man auf dem Leuchtturm aber weiterhin.

Adresse Breite 54° 29' 49" N, Länge 008° 40' 02" E, 25849 Pellworm, Tel. 04844/990480 (Standesamt) | Anfahrt von Tammensiel über Junkersmitteldeich und Ostertilli bis Tilli, rechts in den Süderkoogweg bis zum Deich | Öffnungszeiten Mi–Sa; Anfrage beim Tourismusservice Mo–Fr 10–14 Uhr, Tel. 04844/18925 | Tipp Das Schifffahrtsmuseum im alten Dampferschuppen am Hafen zeigt die Arbeit der Fischer und Seeleute der Insel (geöffnet April–Okt. täglich 10–17 Uhr).

61 Das Waldhusentief

Regensammelbecken und Salzwasserbiotop

Pellworm, fast kreisrund, ist auf 28 Kilometer Länge vom Deich umgeben. Acht Meter ist er hoch und schützt gegen die Nordsee. Das Land dahinter nutzen Bauern zu 70 Prozent als Ackerland, 3.000 Schafe sowie 2.000 Kühe und Mastbullen grasen auf der Insel. Wiesen und Felder wechseln mit den sogenannten Knicks. Diese Hecken sind Schutz vor scharfem Wind und Nistplatz Dutzender Vogelarten. Ein Polizist ist zuständig für 80 Kilometer befahrbare Straßen und Verbrechen, die um die Insel einen großen Bogen machen.

Das fruchtbare Marschland liegt auf Höhe des Meeresspiegels, an seiner tiefsten Stelle sogar mehr als einen Meter darunter. Starke Regenfälle würden Äcker und Höfe unter Wasser setzen, könnten die Bauern das Land nicht durch ein weitverzweigtes System von Gräben und Sielen entwässern. Das Waldhusentief im Nordwesten des Großen Koogs ist Teil dieses alten Prielsystems, vermutlich durch mittelalterliche Sturmfluten entstanden. Von der mehrere Hektar großen Wasserfläche ziehen sich nach Westen, Osten und Süden zu- und abführende Priele. Trotzdem hat das Waldhusentief den Charakter eines stehenden Gewässers. Sein Wasserstand zeigt Schwankungen. Zusätzlich zum Regen drückt Grundwasser Salzwasser nach oben. Viele Salzwasserbiotope haben sich entwickelt. Das gesamte Tief ist auf einer Breite von 50 Metern vom sogenannten Leegland umgeben, das im Winter oft überflutet ist. Der Bekstrom, der im Osten der Seelandschaft abfließt, entwässert die Insel über die Schleuse am Tammensiel.

Das Waldhusentief ist Naturschutzgebiet. Ein direkter Zugang ist nirgendwo erlaubt. Man kann sich seinen östlichen Teil trotzdem erschließen: Südlich von Waldhusen führt eine Brücke über den Priel. Von hier hat man einen guten Blick auf die Wasserfläche und rastende Vögel. Von der Hermann-Neuton-Paulsen-Schule führt die Schulstraße nach Nordermitteldeich und überquert den Bekstrom.

Adresse im Nordwesten von 25849 Pellworm | Anfahrt von Tilli nach Waldhusen auf der linken Seite, von Klostermitteldeich über Westermühle und Schardeich auf der rechten Seite | Tipp Etwas südlich des Waldhusentiefs hat Detlev von Liliencron (1844–1909) gewohnt. Er war Hardesvogt von Pellworm, so etwas wie ein Stellvertreter des Landrats. Bekannt wurde er als Lyriker und Bühnenautor. In dem Haus Liliencronweg 28 betreiben Rachel Kyle und Hermann Petersen jetzt eine Töpferei.

62 Der Engelsplatz

Der erste von vielen, die noch kommen sollen

Guna Scheffler hat eine Mission. Von der Nordsee bis zur Ostsee und um diese herum möchte die Bildhauerin Engel aus Marmor aufstellen. »Sie laden Menschen ein, sich mit dem Himmel zu verbinden. Sich trösten, stärken und mit guten Gefühlen erfüllen zu lassen. Menschen umarmen die Skulpturen, lehnen sich an sie, setzen sich in sie hinein. Sie begegnen sich selbst und Gleichgesinnten, schaffen einen Weg: den Engelsweg.« Mit ihrem VW-Bus ist Guna Scheffler unterwegs, um geeignete Standorte für die Engel zu finden. Im Südosten Rügens, bei Danzig, St. Petersburg, Kopenhagen, Göteborg und Helsinki, in Estland, Lettland, Litauen und Norwegen hat sie schon welche ausgemacht. Ihr Engelsplatz in Nordfriesland liegt mitten in den Reußenkögen.

Auf einer Wiese an einer Straßengabelung steht der »Zweieinigkeitsengel«. Zwei mannshohe stilisierte Flügel aus weißem Cristallina-Marmor, dem von Guna Scheffler bevorzugten Material, stützen eine Kugel in ihrer Mitte. Im Pecciatal im Tessin hatte die Künstlerin den geeigneten Marmorblock gefunden. In Norditalien hat sie ihn maschinell in grobe Formen schneiden lassen, dann vor Ort bearbeitet. Mit großer und kleiner Flex, mit Schleifscheiben, Hämmern, Meißel und Pressluftpistole.

Dann hat sie den Engel nach Nordfriesland gebracht. In seiner Nähe sind Bänke um einen Tisch angeordnet. Besucher sollen hier »die Seele baumeln lassen, Kraft auftanken, picknicken und sogar mal ein Fest feiern«. Der Ort ist »Engelsplatz Nr. 1« in Guna Schefflers internationalem Projekt.

Engel für Haus und Garten, für Büro und Praxis oder als Grabsteine fertigt die Bildhauerin ebenfalls. Ihre Werkstatt für kleinere Skulpturen hat sie auf Gut Altenhof bei Eckernförde. »Engelsplatz Nr. 2« wird der Knivsberg bei Aabenraa in Süddänemark sein. »Serafine«, der Engel, ist schon fertig. Sieben Wochen lang hat Guna Scheffler den Marmorblock behauen.

Adresse Desmerciereskoog, 25821 Reußenköge, Tel. 04356/9864009 (Atelier Guna Scheffler) | Anfahrt L 278, ab Ortsausgang Struckum nach 3.500 Metern auf der rechten Seite | Tipp In der Nähe steht ein Denkmal für Jean Henri Graf Desmercières, er gilt als Urvater der Reußenköge. Er bedeichte den Sophie-Magdalenen-Koog (1741), den Desmerciereskoog (1767) und auf Nordstrand den Elisabeth-Sophien-Koog (1771). Anfahrt vom Engelsplatz auf der Straße Demerciereskoog Richtung Norden, nach 2.300 Metern hinter dem Gebäude der Feuerwehr.

63_Das Fünf-Sprachen-Dorf

Wo Friesisch ganz besonders gepflegt wird

Die Kinder haben die Betonwände ihrer Schule bunt bemalt: mit dem Schulbus, der sie morgens zum Unterricht bringt. Mit Hund, Katze, Pferd, die über eine Mauer schauen. In zappelnden rot-weißen Buchstaben haben sie groß »Risum Skole« geschrieben, das ist Dänisch und heißt »Risum Schule«. In den Farben Dänemarks. Darunter steht in gelb-rot-blau »Risem Schölj«. Das ist kein Dünen-Dänisch und kein Deich-Platt, das ist Friesisch. Und die Farben sind die der friesischen Flagge.

In der 3.600-Einwohner-Gemeinde Risum-Lindholm, nicht weit weg von Dänemark, sprechen die Menschen fünf Sprachen: Deutsch, Dänisch, Friesisch, Niederdeutsch und Sønderjysk oder Südjütländisch, das ist so etwas wie Dänisch auf Platt. Schon zweimal ist das Dorf mit dem Titel »Sprachenfreundliche Gemeinde« ausgezeichnet worden. Wobei das Friesische ganz besonders bewahrt wird. Bürgermeister Hauke Christiansen: »Auf dem Festland sind wir die Gemeinde, in der am meisten Friesisch gesprochen wird.« Genau genommen Nordfriesisch. Westfriesisch sprechen noch etwa 400.000 Niederländer. Ostfriesisch können nur noch 2.000 Bürger im niedersächsischen Saterland im Landkreis Cloppenburg, sonst ist die Sprache ausgestorben. Auf Helgoland, auf den Halligen und den Inseln wie Amrum oder Sylt und in wenigen Festlandgemeinden spricht man Nordfriesisch. 10.000 sollen es sein, die es noch beherrschen. In Risum-Lindholm wird Friesisch schon im Kindergarten angeboten. In den beiden Grundschulen ist es ab der dritten Klasse obligatorisches Unterrichtsfach. Die Gemeinschaftsschule heißt hier Dänisch-Friesische Schule. Die Kinder lernen Dänisch, Deutsch, Friesisch und Englisch bis zur neunten Klasse.

Viele Straßenschilder in Risum-Lindholm kommen einem spanisch vor: »Üülendik«, »Räideköölׅ«, »Spalönj« oder »Üüle Browäi«. Auch das ist Friesisch. In Neubaugebieten erhalten alle Straßen nur noch friesische Namen.

Adresse Dorfstraße 91, 25920 Risum-Lindholm, Tel. 04661/8387 (Risum Skole) | **Anfahrt** von Bredstedt aus auf der B 5, links in die Dorfstraße (Ortsteil Risum), nach zwei Kilometern rechts, auf der linken Seite | **Tipp** Auf der anderen Seite der B 5 steht im Ortsteil Klockries am Laamstich das Andersen-Hüs, ein 300 Jahre altes friesisches Landhaus. Der alte Pferdestall ist heute Galerie, Museum und Café (geöffnet So 15–18 Uhr), die Scheune Konzertbühne und Theater.

64__Der Dreisprung

Menschenschmuggel durch Carsten Atzens Haus

Das Haus von Carsten Atzen steht heute nicht mehr, aber eine Ahnung, wo es gewesen sein muss, kann man bekommen. Man folgt von Rodenäs der Beschilderung zum »Dreisprung«. Die Bäume, an der Küste oft vom Wind gedrückt, stehen hier besonders schief. Bald kommt eine Kurve nach links, man fährt Richtung Westen über den Norddeich. Er verläuft genau auf der Grenze zu Dänemark. Auf den Deich haben die Menschen einige Häuser gebaut, alte sind ebenfalls darunter, aber das von Carsten Atzen ist nicht mehr zu finden.

Warum dieser Deichabschnitt »Dreisprung« heißt, darüber wissen die Bewohner nichts zu erzählen. Dabei war der »Dreisprung« bedeutsamer Schauplatz des Menschenschmuggels im Hitler-Deutschland. Carsten Atzen war Kommunist. Er hat nach der Machtergreifung 1933 an diesem Ort vielen Regimegegnern zur Flucht verholfen, sie mussten ja um ihr Leben fürchten. Carsten Atzens Haus war ihre Rettung, stand es doch mitten auf der Grenze. Der Eingang war noch deutsches Reichsgebiet, der Garten lag schon in Dänemark.

Carsten Atzen konnte von Weitem hören, wenn wieder ein Besucher kam. Ein Freund brachte diesen von Flensburg aus auf seinem knatternden Motorrad. Vorne ließ Carsten Atzen den Besuch zur Tür herein, hinten im Garten wies er ihm den Weg zum nächsten dänischen Dorf. So konnten sich die Flüchtlinge über Felder und Gräben in Sicherheit bringen. Leider blieb das Verschwinden der vielen Besucher nicht unbemerkt, Nazi-Deutschland hatte genügend Spitzel. Mitte der 30er Jahre wurde Carsten Atzen verhaftet und zu drei Jahren Zuchthaus verurteilt.

Nach Ende des Zweiten Weltkrieges war das Haus noch einmal Grenzübergangsort, der Geschichte schrieb. Gustav Heinemann, später dritter Präsident der Bundesrepublik Deutschland, wollte nach Kopenhagen, aber die britischen Besatzer mochten ihm keinen Passierschein ausstellen. Auch Heinemann nahm die Atzen-Route. Vorne rein und hinten raus.

Adresse Norddeich, Grenze zu Dänemark, 25924 Rodenäs | **Anfahrt** auf der B 5 oder B 199 nach Niebüll, von dort nach Neukirchen und Rodenäs, vom Haus der Feuerwehr nach Norden auf den Straßen Oldorf und Pörksensiedlung, nach 1.300 Metern rechts Richtung Dreisprung/Norddeich (ist ausgeschildert) | **Tipp** Teile der Kirche von Rodenäs sind aus Trümmern errichtet, die eine Flut im Jahr 1615 von der Rickelsbüller Kirche übrig gelassen hatte. Für die Männer gab es früher einen Eingang im Süden, für die Frauen ein Portal an der Nordseite.

65_Der Rickelsbüller Koog

Am nordwestlichsten Festlandszipfel

Man muss im Frühjahr und im Herbst nur den Schwärmen der Nonnengänse folgen. Dann kommt man zum Rickelsbüller Koog. Hier muss das Paradies der Vögel sein. Alpenstrandläufer und Knutts beeindrucken mit Flugmanövern. Der Dunkle Wasserläufer watet durch Schlick, sogar das seltene Odinshühnchen ist zu sehen. Der Rickelsbüller Koog ist Deutschlands nordwestlichster Festlandszipfel. Kaum vorstellbar, dass hier vor nicht vielen Jahren noch die Nordsee tobte.

Anfang Januar 1976: Ein Sturmtief entwickelt sich schnell zum Orkan mit Windstärke 13. Außerdem ist es der zweite Tag nach Neumond, eine Springtide ist zu erwarten. Tatsächlich lassen die meteorologischen und astronomischen Kräfte eine besondere Flutwelle entstehen. Ein Pegel von bald sechs Metern über Normalnull, eine Jahrhundertflut, sagt man später. Mit gewaltigen Kräften drückt sie gegen die norddeutsche und süddänische Küste. Trotzdem halten die meisten Deiche, sie werden aber beschädigt. Noch im selben Jahr beschließen Deutschland und Dänemark, vor dem alten Seedeich eine gemeinsame neue Deichlinie zu ziehen. 1981 ist sie geschlossen. Dazwischen liegen auf nordfriesischer Seite nun der Rickelsbüller Koog, jetzt ein Teil der Gemeinde Rodenäs, und auf dänischer Seite der Margrethe Kog, benannt nach der früheren Königin. Durch den Grenzdamm sind sie getrennt.

Landwirtschaft wie in den alten Kögen wird hier nicht betrieben, sie sind ausschließlich der Natur überlassen. Mit unterschiedlichen Konzepten: Der Rickelsbüller Koog ist vollständig vom Meerwasser abgekoppelt. Überflüssiges Regenwasser aus der Lagune wird in die Nordsee gepumpt. Vom Süßwasser beeinflusste Lebensgemeinschaften der Tiere und Pflanzen konnten sich so entwickeln. Der Margrethe Kog wird dagegen gezielt mit Salzwasser befüllt. Dort wächst der Queller, dort sammeln sich andere Vogelarten des Wattenmeers. Der Austernfischer ist eher hier anzutreffen.

Adresse Rickelsbüller Koog, 25924 Rodenäs | **Anfahrt** auf der B 5 oder B 199 nach Niebüll und weiter nach Klanxbüll und Neudorf, links in die Straße Ophusum, geradeaus auf die Straße Rickelsbüller Koog, am alten Zollhäuschen links auf den Grenzdamm bis zum Parkplatz | **Tipp** Etwa auf halber Strecke des Grenzdamms steht verborgen im Gestrüpp eine Holzhütte. Durch Luken beobachtet, lassen sich die Vögel nicht stören.

66_Der Walknochen-Zaun

Ein Unikum auf den nordfriesischen Inseln

Wer nicht aufpasst, ist schnell vorbeigefahren. Grau sieht er aus, wie ein verwitterter Holzzaun. Der Walknochenzaun in Juvre auf Rømø ist der einzige erhaltene Fischbeinzaun auf den nordfriesischen Inseln. Aus 50 Teilstücken von Unterkieferknochen ist er gemacht, oben und unten mit Brettern verbunden. Ein kleines Aluminiumdach schützt gegen Regen.

Zwischen 1660 und 1860 lebten viele Walfänger auf Rømø. Allein 40 Kommandeure, ihre Offiziere, die Harpunenwerfer, die Mannschaften. Ihr Revier war das Eismeer zwischen Spitzbergen und Grönland. Bevor sie in See stachen, wurden am Abend des 21. Februar am Strand große Feuer gemacht. »Pers Awten« (Vorabend des Peterstages) hießen die Feiern in Dänemark. Als »Biikebrennen« wird diese Tradition heute in Nordfriesland aufrechterhalten. Dabei soll auch der Winter verabschiedet werden. Bis zu den Herbststürmen waren die Walfänger unterwegs. Kamen sie zurück, hatten sie oft auch die Kieferknochen der geschlachteten Wale dabei. Heute hat Rømø schöne Waldgebiete, aber zu jener Zeit waren die Inseln baumlos. Die Knochen wurden als Holzersatz verwendet. Vor manchen alten Friesenhäusern, gerne vor Heimatmuseen, stehen heute noch Portale aus den Kiefern eines Wals. Weitere Zäune sind keine mehr zu finden.

Kapitän Peter Andersen List, der damals in Juvre sein Haus hatte, brachte die Knochen 1772 für seinen Zaun mit. Er war zehn Jahre lang Kommandeur des Walfangschiffs »De twee jonge Hermanns«, das einem Hamburger Reeder gehörte. Der Zwei-Mast-Segler ging 1777 unter. Vor der Küste Ostgrönlands wurden damals gleich mehrere Walfangschiffe vom Eis erdrückt. Es war das größte Unglück, das Rømø je getroffen hat. 22 Seeleute kamen ums Leben. Auf den dänischen Färöer-Inseln machen die Fähringer, wie die Bewohner heißen, immer noch Jagd auf Wale. Sie berufen sich auf ein kulturelles Erbe. Umweltschützer kämpfen dagegen.

Adresse Juvrevej 80, Juvre, 6792 Rømø, Dänemark | Anfahrt nach dem Rømø-Damm an der Ampel rechts in den Juvrevej, durch Toftum, nach einem Kilometer auf der rechten Seite | Tipp Der Kommandørgården am Juvrevej in einem Walfängerhaus ist Nationalmuseum. In der Scheune liegt das Skelett eines Pottwals (geöffnet Mai–Sept. Di–So 10–17 Uhr, Okt. 10–15 Uhr).

67__Der platte Strand

Mit dem Auto bis ans Wasser

Ohne die røde pølser, die rot gefärbten Würste, ist Dänemark ja gar nicht denkbar. Sie sind Esskultur und wichtigste Zutat des dänischen Hot Dogs. Erhitzt wie ein Brühwürstchen oder gebraten, werden sie mit Röstzwiebeln, Remoulade, Ketchup und Gurkenscheiben im Pølserbrod vom Pølservogn aus verkauft. Solche Imbisswagen stehen auch im weißen Sand von Lakolk. Für Verpflegung wäre also gesorgt am Strand von Rømø, der größten der drei dänischen Nordseeinseln. Sie ist am Ende der letzten Eiszeit als Sandbank entstanden, auf der Dünen aufgeweht wurden. Der zehn Kilometer lange Strand ist breiter als der Kniepsand auf Amrum, an seiner weitesten Stelle drei Kilometer. Aber dort ist militärisches Sperrgebiet.

Rømø hat ein Image als Sylt für Arme. Blockhäuser in den Dünen und Campingplätze sind das Tourismuskonzept. Die Anreise über den neun Kilometer langen Rømødæmingen, den Damm, kostet keine Maut. Seine Fortsetzung, der Vesterhavsvej, endet direkt am Strand von Lakolk. Radlader halten die Zufahrt von Sandverwehungen frei, der Strand darf befahren werden. Tausende strömen an den Sommerwochenenden auf die Insel, die 600 Bewohner hat. Die Tagestouristen parken ihre Fahrzeuge gegen den Wind und hocken sich in Lee, auf die vom Wind abgewandte Seite. Jetzt erst mal einen Pølser! Der Autoverkehr am Strand hat Regeln: Näher als 20 Meter darf keiner ans Wasser fahren, Tempo 30 ist Höchstgeschwindigkeit.

Lakolk hat auch einen Ruf als Ballermann des Nordens. Den Kofferraum vollgepackt mit Dosenbier vom Discounter, suchen junge Erwachsene den größtmöglichen Spaß. Führerscheinneulinge testen sich aus. Im Sand spielen sie Schleudertraining. Einmal kam es zu einem tödlichen Unfall, als sich ein Auto bei einem solchen Wendemanöver überschlug. Weiter im Süden ist der Strand Eldorado für Strandsegler, Kitebuggyfahrer lassen sich von bunten Lenkschirmen ziehen.

Adresse Westufer, 6792 Rømø, Dänemark | Anfahrt von Skærbæk über den Rømø-Damm und auf dem Vesterhavsvej immer geradeaus | Tipp Zwei Kilometer vor dem Strand ist rechts eine »Grillhytte« ausgeschildert. Vom Parkplatz aus führt ein Fußweg durch Heide und Kiefern weiter bis zum Høstbjerg, mit 19 Metern die höchste Erhebung der Insel. Schöner Blick über ganz Rømø, im Süden liegt Sylt.

68 Dänemarks kleinste Schule

Die Jungs machten Feuer, die Mädchen mussten putzen

Es waren die alten Zeiten, und da waren die Rollen noch anders verteilt: Für die Mädchen aus den Dörfern Toftum und Juvre auf Rømø war eine Schulpflicht vom fünften bis zum achten Lebensjahr vorgesehen. Die Jungen durften zwei Jahre länger zur Schule gehen. Die Aufgaben waren auch klar geregelt. Heidekraut und Torf zum Heizen der Schule besorgten reihum die Jungs, die Mädels hatten sich nach dem Unterricht um das Reinemachen zu kümmern. Eine Ordnung, die bis 1883 anhielt. Der einzige Lehrer wurde anfangs unter anderem mit einem warmen Essen täglich bezahlt.

Bis 1784 hatten die Kinder der Dörfer nur zwei Mal in der Woche Unterricht. Er wurde in der guten Stube einer der Höfe erteilt, mal in Juvre, mal in Toftum. Dann kamen die Walfänger der Insel zu Geld und wollten ihren Kindern etwas Gutes tun. So beschlossen die Eltern, eine Schule zu bauen und auch deren Unterhalt mit Vertrag zu regeln. Die älteste Schule Dänemarks entstand, sie ist auch die kleinste. Das Reetdachgebäude ist jederzeit zu besichtigen, die Tür steht immer offen. In dem einzigen Schulraum, kaum 30 Quadratmeter groß, haben auf Bänken an den Wänden zeitweise 40 Schüler gelernt. Sechs Reichstaler hatte jede Familie für den Bau der Schule aufbringen müssen. Neben dem Gratisessen erhielt der Lehrer von den Eltern auch etwas Lohn. Später wurde auf die Naturalien verzichtet, da der Lehrer, Kapitän Peter Nielsen Wirth, selbst Hofeigner war. Er hat 36 Jahre unterrichtet.

Schickte man jüngere oder ältere Kinder als vorgesehen in die Schule, bekam der Lehrer drei Schilling extra. »Halbe« oder »viertel Kinder« mit weniger Stundenzahl konnten auch eingeschrieben werden. Das war billiger. Arme Eltern erhielten aus der Gemeinschaftskasse einen Zuschuss. 1883 zog die Toftum Skole in ein neues Gebäude um.

Adresse Juvrevej, Toftum, 6792 Rømø, Dänemark | Anfahrt nach dem Rømø-Damm an der Ampel rechts in den Juvrevej, am Ortseingang von Toftum auf der rechten Seite in Höhe Haus Juvrevej 33 | Öffnungszeiten ganzjährig | Tipp Ein weiteres architektonisches Kleinod aus alter Zeit steht an der Straße nach Havneby hinter der Kirche in Kirkeby: Das historische Feuerwehrhaus ist aber nur von außen anzusehen.

69_Die ulkigste Grenze der Welt

Wo die Straße Deutschland und Dänemark gehört

Der Maler Emil Nolde hat den Ort Rosenkranz mit seinen »kleinen Häusern, gereiht wie Perlen einer Gebetsschnur«, als »das schönste Dorf in unserem Friesenland« bezeichnet. Jedenfalls sind die kleinen Backsteinbauten liebevoll gepflegt, Rosen ranken an den Wänden und zieren die grün umfassten weißen Sprossenfenster. Von Rosenkranz aus sind es zu Fuß nur 1,5 Kilometer zu Noldes altem Wohnhaus und dem Nolde-Museum.

Rosenkranz ist Grenzort. Rudbøl heißt das Dorf auf der dänischen Seite. Die Bewohner leben an »der ulkigsten Grenze der Welt«, wie ausländische Reisejournalisten sie beschreiben. Sie verläuft nämlich nicht in einigermaßen gerader Linie, sondern im Zickzack. Und das kam so: 1920 hatten die Nordschleswiger abgestimmt, dass sie lieber zu Dänemark gehören möchten. Die Grenze wurde neu festgelegt. Das westliche Teilstück sollte ein japanischer Diplomat markieren. Der Mann nahm seine Aufgabe sehr genau. Fast jedem Bauern wollte er den Wunsch nach seinem Vaterland erfüllen. So zieht sich die Grenze heute in Windungen um einige Höfe herum, führt mal nach Norden, mal nach Süden und teilt die Straße, die Rosenkranz und Rudbøl verbindet, auf einer Strecke von 200 Metern in der Mitte entzwei.

Dort, wo heute keine Grenzposten und kein Schlagbaum mehr stehen, ist der Grenzstein 243 in den Asphalt eingelassen. Aus Deutschland kommend ist die rechte Straßenseite deutsches Hoheitsgebiet, die linke dänisches. Die Buchstaben »DRP« stehen für Deutsches Reich Preußen, das »D« für das Königreich Dänemark. Jedes Auto, das die schmale Straße entlangfährt, rollt mit zwei Rädern durch Deutschland und mit den beiden anderen durch Dänemark. Grenzgänger lieben dieses Fotomotiv: mit einem Bein in Tyskland stehen, mit dem anderen bei Königs.

Adresse Grenze zu Dänemark, 25927 Rosenkranz | Anfahrt auf der B 5 oder B 199 nach Niebüll und weiter nach Neukirchen, über die Straßen Nordosterdeich, Fischerhäuser und Rosenkranzer Straße, Parkplatz am Gasthaus »Alter Deutscher Grenzkrug« | Tipp Emil Nolde wurde als Hans Emil Hansen auf der anderen Seite der Grenze im dänischen Dorf Nolde geboren, nach diesem Ort hat er sich später benannt. 1943 brannte das Elternhaus ab. Eine Gedenktafel weist darauf hin, Adresse: Noldegård 11, 6372 Bylderup-Bov/Nolde, Dänemark.

70_Das Kirchlein am Meer

Hochzeitspaare sind darin verliebt

Natürlich steht die Kirche nicht wirklich auf einem Berg, aber für die Menschen im Norden ist schon ein kleiner Hügel ein Ereignis, und deshalb nennen sie den Geestrücken, den Standort der Kirche, Schobüller Berg. Gedrungen duckt sich das Gebäude an den Hang, der Turm sieht aus wie irgendwie zu kurz geraten. Tatsächlich war er einmal mächtig und hoch, die Kirche ein wichtiges Seezeichen für die Husum ansteuernden Schiffe. Nachdem der Turm eingestürzt war, erhielt die Kirche 1785 ihr unverwechselbares Erscheinungsbild. Der Turm ist mit Eichenschindeln gedeckt. Ursprünglich war die Kirche Maria geweiht, der Name verlor sich nach der Reformation. Immer schon war das Gotteshaus auch ecclesiola sub mare, Kirchlein am Meer. Als solches ist es über die Grenzen Nordfrieslands bekannt. Viele Paare heiraten hier – sie haben sich auch in das Kirchlein verliebt.

Zunächst stand auf dem Hügel eine Kapelle. Drei fromme Jungfrauen sollen diese im 13. Jahrhundert gestiftet haben. Viele Generationen haben am Kirchlein gebaut und es nach Westen, zum Meer hin, erweitert. Vieles der Inneneinrichtung mag aus anderen Kirchen stammen, die bei der Flut von 1634 zerstört worden sind. So der spätgotische Fries der zwölf Apostel, ergänzt um Johannes den Täufer mit Kamelhaarmantel über dem Arm und Maria Magdalena. Oder das Taufbecken aus Blaustein. Besonders ist der Handtuchhalter dahinter, ein seltenes Ausstattungsstück in Kirchen. Den Deckel über der Taufe soll eine wohlhabende Frau gespendet haben, die einen Raubüberfall überlebte.

Ungewöhnlich ist auch, dass eine so kleine Kirche zwei große Kreuze hat. Das über dem Chorraum stellt Christus als Sieger über die bösen Mächte dar. Am Kreuz über dem Altar leidet Gottes Sohn. Statt der Dornenkrone hat man ihm Tauwerk um den Kopf gebunden. Seefahrer wissen, dass nasses Tauwerk sich beim Trocknen zusammenzieht. Eine besonders schmerzhafte Folter.

Adresse Heideweg 1, 25813 Schobüll, Tel. 04841/4386 | Anfahrt auf der B 5, B 201 oder B 200 nach Husum, von dort auf der Nordseestraße Richtung Nordstrand, gegenüber vom Campingplatz | Öffnungszeiten täglich 10–16 Uhr | Tipp In Halebüll (weiter Richtung Nordstrand) zeigt die Galerie Lüth in einem alten Fischerhaus wechselnde Ausstellungen meist regionaler Künstler (geöffnet Mi–So 10–18 Uhr).

71__Der Hydrant des Todes

Auf ihm wurden KZ-Opfer gequält

Diesen Weg muss man gegangen sein. Erst zur Jahrhundertwende, als man sich endlich erinnern wollte, wurde die überwucherte Lagerstraße freigelegt. Ein holpriger Weg aus Feldsteinen. Links und rechts haben beim Zählappell die Häftlinge gestanden. Wer stehen konnte. In Lumpen gehüllt. Stundenlang dauerte das, keiner konnte sich den Grausamkeiten des Kommandanten Hans Griem entziehen. Der Hydrant des Todes steht noch an der alten Straße. Auf ihm mussten die KZ-Opfer zur Strafe mit gestreckten Armen und Beinen stundenlang sitzen. Hatte jemand Essensreste gestohlen, bekam er zusätzlich eine Kartoffel in den Mund gepresst. In dieser Haltung konnte man die Balance nicht halten. Wer herunterfiel, wurde von SS-Schergen verprügelt. Viele Gefangene starben nach dieser Quälerei.

In den acht Baracken bei Schwesing, für 400 Bewohner ausgelegt, sind Ende 1944 an die 2.500 Häftlinge untergebracht. Sie sollen den »Friesenwall« bauen, mit dem Hitler die Alliierten stoppen will. Die Männer kommen aus 14 Nationen. Widerstandskämpfer unter ihnen, Geistliche, Männer, die Denunzianten zum Opfer gefallen sind. Sie sind entkräftet, unterernährt. Der Häftling Pierre Jorand, ein Mann der Résistance, der Schwesing überlebt hat, erinnert sich: »Man hat anderswo die höllischen Bedingungen in den Konzentrationslagern beschrieben. Hier waren sie schlimmer.«

Auf dem Weg zu den Wallanlagen werden die Männer morgens und abends durch das nahe Husum getrieben. Einige Bürger spotten, andere stecken den Häftlingen Nahrung zu. Die meisten sehen weg. Als das Lager nach wenigen Wochen aufgelöst wird, sind mindestens 300 der Häftlinge tot. Gegen den Lagerkommandanten, der sich bei Kriegsende verstecken konnte, wird Ende der 60er Jahre spät ermittelt. Er stirbt kurz vor dem Prozess. Das Lagergelände ist jetzt Gedenkstätte. Besucher trifft man nicht. Jogger nutzen die Lagerstraße zum Training.

Adresse 25813 Schwesing-Engelsburg | Anfahrt auf der B 21 Richtung Husum, kurz vor dem Ortsschild Schwesing rechts in die K 62 (Gedenkstätte ist ausgeschildert), nach 1.800 Metern links kleiner Parkplatz | Öffnungszeiten ganzjährig frei zugänglich | Tipp Auf 297 Stelen auf dem Gelände hat Ulrich Lindow die Namen der bekannten Toten des KZs Schwesing eingraviert. Die Namen sind mühsam zu lesen, das ist Absicht des Künstlers. »So wie es auch stetiger Mühe bedarf, die Erinnerung an die NS-Geschichte wachzuhalten.«

72_Emil Noldes Garten

Heute so schön wie damals

Der blaue Rittersporn. Pastellfarbener Fingerhut. Natürlich der Türkische Mohn. Er leuchtet kräftig orange, in sattem Tiefrot oder zartem Rosé. Im Juli das Blau-Violett des Großen Garten-Storchschnabels. Im August der Blutweiderich. Sonnenblumen im September, im Oktober die Dahlien. Als Emil Nolde 1937 in sein neues Haus auf der Warft in Seebüll einzieht, von ihm selbst entworfen, legt er auch den Garten nach eigenen Ideen an. »Es waren nur nackte grüne Felder um das Haus herum«, schreibt er in seiner Biografie. »Ein Stück solches Grasfeld sollte unser Garten werden. Ein hartes Beginnen, aber es musste gelingen.«

Nolde, nach jüngster Forschung auch Rassist und Antisemit, erinnert sich an die Liebe seiner Mutter für ihren Garten. Sie muss diese Liebe wohl weitergegeben haben. »Die Farben der Blumen zogen mich unwiderstehlich an. Ich liebte die Reinheit der Farben.« Den Gartenplan hat der Expressionist nach den Initialen A und E gemacht, nach Ada, dem Namen seiner Frau, und nach Emil. Die Wege durch den Blumengarten zeichnen diese Buchstaben nach. Hunderte Stauden, Tausende Blumenzwiebeln. In jeder möglichen Jahreszeit sollte es blühen. Zu großen Teilen ist der Garten noch heute angelegt wie zu Lebzeiten des Künstlers.

Stundenlang konnte er hier sitzen, malte seine Aquarelle. Die Blumenbilder in Öl sind im Atelier entstanden. Emil Nolde ließ sich aber nicht nur inspirieren im Garten. Thomas Börnsen, lange Jahre sein Gärtner: »Seinen Garten liebte er. Täglich kam er mehrfach hinaus. Es gab keine Blume, die blühen wollte, die von ihm nicht entdeckt wurde. Hier und dort schnitt er persönlich Zweige von Sträuchern und Bäumen. Löwenzahn und Unkräuter stach oder zupfte er heraus, dann lag alles säuberlich am Wegrand zum Wegräumen.« Johannis- und Stachelbeeren wachsen inmitten der Blumen. Mit der »Agathe von Klanxbüll« und der »Renette von Seebüll« reifen seltene Apfelsorten.

Adresse Nolde Stiftung Seebüll, 25927 Seebüll/Neukirchen, Tel. 04664/983930 | Anfahrt auf der B 5 oder B 199 nach Niebüll und weiter nach Neukirchen, der Beschilderung Nolde Stiftung folgen, auf dem Nordosterdeich 700 Meter, rechts in den Revtoftweg, nach 2.100 Metern links auf die Straße Seebüll, nach 500 Metern Parkplatz auf der linken Seite | Öffnungszeiten März–Okt. 10–18 Uhr | Tipp Am Ortsausgang Neukirchen Richtung Nolde Stiftung führt rechts ein Sandweg zum Deich- und Sielmuseum. In Originalgröße werden verschiedene Deichprofile gezeigt.

73__Das Dorf der Friesenhäuser

Viele sind als Denkmal geschützt

Für Holzbauingenieure und Architekten ist Seeth ein Mekka: Nirgendwo sonst können sie die verschiedenen Haustypen des Nordens in so großer Dichte und Vielfalt finden. Für andere Besucher ist der kleine Ort mit kaum 600 Einwohnern einfach nordfriesisch schön. Mehr als 50 Reetdachhäuser stehen hier. Hunderte Jahre sind sie alt und teils unter Denkmalschutz gestellt. Etliche sind schon von der Bundesstraße aus zu entdecken. Es lohnt sich aber, auch durch die Seitenstraßen zu kurven. Drei Haustypen werden unterschieden: das jütische Geesthardenhaus, das niederdeutsche Fachhallenhaus und der Haubarg, dessen Baustil Niederländer mitgebracht haben. Allen Haustypen gemein ist: Wohn- und Wirtschaftsbereich sind unter einem Dach.

Das Geesthardenhaus ist ein Langhaus. Haus Nummer 48 an der Hauptstraße in Seeth ist ein klassisches Beispiel. 30 Meter ist es lang, mit der Dachfläche zur Straße ausgerichtet. Rechts der Wohntrakt, links Scheune und Stallungen. Viele Geesthardenhäuser und alle auf den Inseln und Halligen sind in Ständerkonstruktion errichtet. Das Dach ruht auf senkrechten Holzpfosten, stützt sich nicht auf die Außenmauern. Der Vorteil: Selbst wenn die Flut die Wände eindrückt, ist die Chance hoch, dass die Pfosten halten. Die Bewohner konnten sich auf den Dachfirst retten. Man hat solche Häuser auch zerlegt und umgesetzt, wenn etwa eine Warft, ihr Standort, nicht mehr sicher war.

Das Fachhallenhaus im Seether Fohlenweg Nummer 6 soll schon 400 Jahre alt sein. Der Begriff Fach steht nicht für das Fachwerk der Wände, sondern für Gefach. So nannte man den Abstand zwischen zwei Holzständern im Inneren. Die Halle ist die scheunentorhohe Diele. Haus Nummer 23 an der Hauptstraße ist ein gut erhaltener Haubarg (siehe Ort 27). Der Giebel quer zum Dach über dem Eingang war eine Feuerschutzversicherung. Die Bewohner sollten sich retten können, ohne durch brennendes Reet gefährdet zu sein.

Adresse Hauptstraße, 25878 Seeth | Anfahrt von Friedrichstadt auf der B 202 fünf Kilometer Richtung Norderstapel | Tipp Seeth liegt zwischen den Flüssen Eider und Treene, ihre Marschen sind Futterplatz für Störche. Auf Dächern, Schornsteinen und Masten bieten die Bewohner mehrere Nisthilfen an. Das Storchennest mit dem höchsten Bruterfolg in Nordfriesland ist in der Westerstraße in Seeth zu finden. Das treue Storchenpaar kommt jedes Jahr.

74_Die grünen Dächer

Gebaut mit Diamanten-Geld

Wer von Nordstrand mit dem Schiff Hallig Hooge ansteuert, bekommt den besten Eindruck. Steuerbords, rechts, sieht die Küste anders aus als sonst. Vor der Kulisse der Windräder sind alle Höfe und Häuser weiß gestrichen. Jedes Dach leuchtet in demselben hellen Grün. Auf mehreren Kilometern ist kein anders gedecktes Gebäude zu erkennen. Das ist der Sönke-Nissen-Koog.

Sönke Nissen aus Klockries bei Niebüll ist 33 Jahre alt, als er Anfang des vergangenen Jahrhunderts nach Namibia auswandert, das damals Deutsch-Südwestafrika heißt. Als Oberinspektor soll der Ingenieur den Eisenbahnbau überwachen. Eines Tages stößt der Bautrupp auf Diamanten. Sönke Nissen kann sich die Rechte am Abbau der Steine sichern. Er wird so mehrfacher Millionär.

Jahre später planen nordfriesische Bauern einen weiteren Koog für mehr Ackerland, aber dafür brauchen sie einen neuen Deich. Der Staat hat nach dem Ersten Weltkrieg kein Geld, sie selbst können den Lohn für 1.000 Arbeiter auch nicht aufbringen. Da hört Sönke Nissen von dem Projekt, er unterstützt es mit seinem Vermögen. Er stirbt noch vor dem ersten Spatenstich, trotzdem wird der Sönke-Nissen-Koog mit dem Diamanten-Geld gebaut. Der Architekt Heinrich Stav erhält den Auftrag, 28 Höfe in Harmonie mit der Landschaft und einheitlich im Stil zu errichten. Er entscheidet sich für eine Holzkonstruktion mit einer Verkleidung aus Blech. Für das Weiß und das Grün. 24 der Höfe stehen unter Denkmalschutz. Sogar neue Bus-Wartehäuschen bekommen heute ein hellgrünes Dach.

Sieben der Höfe sind nach Orten in Afrika benannt. Auf Hof Elisabethbay, wo später Nissens Witwe wohnte, hätte sich die deutsche Geschichte vielleicht ganz anders entwickeln können. Der schwedische Diplomat Birger Dahlerus, neuer Mann der Witwe, hatte hier Anfang August 1939 ein Treffen einer hochrangigen englischen Delegation mit Hitlers Vertrautem Hermann Göring arrangiert. Er wollte den Zweiten Weltkrieg verhindern.

Adresse 25821 Sönke-Nissen-Koog | Anfahrt auf der B 5 bis Bredstedt, von dort über Westerstraße und Bredstedter Koog (L 11), am Mittelweg rechts, dann links | Tipp Das Nordfriisk Instituut in Bredstedt, Süderstraße 30, fördert und erforscht die friesische Sprache, Geschichte und Kultur. Die Bibliothek umfasst 15.000 Bücher und eine Ausschnittsammlung von 70.000 Zeitungsartikeln (geöffnet Di–Do 8.30–12.30 Uhr, Di, Do 13.30–16 Uhr oder nach Vereinbarung, Tel. 04671/60120).

75__Der Weg des Schimmelreiters

»Ich wünschte mich in sicheres Quartier«

Hierhin ließ Theodor Storm bei »bösem Wetter« seinen Erzähler galoppieren. Hier ist das Schimmelreiterland. »Dicht vor mir lag ein großes Haus. An der Südseite sah ich alle Fenster erleuchtet. Dahinter gewahrte ich Menschen und glaubte trotz des Sturmes, sie zu hören. Ich sah wohl, dass es ein Wirtshaus war.« Dort findet der Erzähler Unterstand in seiner Not, und der alte Schulmeister wird ihm die Geschichte vom Schimmelreiter erzählen. War er ihm nicht gerade selbst begegnet? »Ich glaubte, eine dunkle Gestalt zu erkennen. Da sie näher kam, sah ich, sie saß auf einem hochbeinigen, hageren Schimmel. Ein dunkler Mantel flatterte um ihre Schultern, und im Vorbeifliegen sahen mich zwei brennende Augen aus einem bleichen Antlitz an.«

Die Hattstedter Marsch bei Sterdebüll, die Gehöfte auf den Warften, manches Wirtshaus sollen Vorbilder für Schauplätze in Theodor Storms berühmtester Novelle gewesen sein. Wer von der Deichkrone über das Watt und die Köge blickt, kann erfahren, wie präzise der Dichter die Landschaft in sich aufgenommen haben muss. Endlose Weite. Schafe, so viele, dass man sie nicht zählen kann. So sieht es aus, wenn alles friedlich ist.

Aber wie, wenn ein Unwetter kommt? Theodor Storm lässt seinen Erzähler in jener Oktobernacht von Norden nach Süden den Deich entlangreiten. »Zur Linken hatte ich jetzt schon seit über einer Stunde die öde, bereits von allem Vieh geleerte Marsch, zur Rechten, und zwar in unbehaglichster Nähe, das Meer. Ich sah nichts als die gelbgrauen Wellen, die unaufhörlich wie mit Wutgebrüll den Deich hinaufschlugen und mitunter mich und das Pferd mit schmutzigem Schaum bespritzten. Dahinter wüste Dämmerung, die Himmel und Erde nicht unterscheiden ließ. Ich leugne nicht, ich wünschte mich in sicheres Quartier.«

Adresse Sterdebüll, 25856 Hattstedter Marsch | Anfahrt auf der B 5, B 200 oder B 201 nach Husum und weiter nach Hattstedt und Wobbenbüll, dort Richtung Arlau-Schleuse, sechs Kilometer durch die Hattstedter Marsch bis zum Deich | Tipp Theodor Storm war oft in Hattstedt, mit dem Sohn des Pastors war er zur Schule gegangen. Im Kompastorat am Kirchenweg heiratete er seine zweite Frau Dorothea Jensen.

76 Jan und Gret

Aus dem Leben der »Lütten Lüüd«

Etwas stimmt nicht bei diesem Kunstwerk. Jan sticht mit der Prigg, einer Forke, Plattfische auf, den Bütt. Gret fischt mit der Gliep, einem Schiebenetz, nach Porren. Nach Krebsen, Krabben, Muscheln. Wenn aber die Wellen Meeresgetier anspülen am Strand, passiert das immer aus einer Richtung. Jan und Gret arbeiten jedoch entgegengesetzt. Die Diskrepanz ist der gestalterischen Freiheit geschuldet, die der Bildhauer Claus Homfeld in Anspruch nehmen durfte. Jan und Gret stehen im Wasser. Er trägt Stiefel, sie ist barfuß.

Jan und Gret haben wirklich gelebt. Peter Fedders, der vor einem Jahrhundert eines der ersten Hotels gebaut hat hinterm Deich, hat die Arbeit des Paars auf Fotoplatten dokumentiert. Jan und Gret versuchen, sich und die Kinder aus dem Garten und aus dem Meer zu ernähren.

Die Dörfer St. Peter, Ording und Böhl sind damals das Armenhaus Eiderstedts. Wegen des ständigen Sandflugs kann man keinen Hafen bauen für Fischfang, der sich lohnt. Wenn die Menschen am Sonntag beten wollen, müssen sie vorher die Kirche freischaufeln. Die Äcker der Bauern sind oft versandet. Nach Überschwemmungen sind sie versalzt. Die sogenannten kleinen Leute haben ohnehin kein Land, schuften als Mägde und Tagelöhner. Sie müssen den Speiseplan damit aufbessern, was das Meer hergibt.

Ende des vergangenen Jahrhunderts hat man das Denkmal für die »Lütten Lüüd« aufgestellt, für die armen und bescheidenen Menschen, die vor dem Tourismus-Boom in St. Peter-Ording gelebt haben. Die Einwohner haben Geld dafür gesammelt. Es war auch Absicht, die Goldgräbermentalität des Ortes zu hinterfragen. Die Menschen daran zu erinnern, dass es auch andere Zeiten gab. 1872 wurde die erste private Unterkunft vermietet. Heute werden im »Nordseeheilbad« mit Schwefelquelle annähernd drei Millionen Übernachtungen im Jahr in 16.000 Gästebetten gezählt. Das ist Platz eins der Küstenorte in Nordfriesland.

Adresse Ecke Badallee/Zum Südstrand/Dorfstraße, 25826 St. Peter-Ording | Anfahrt von der B 202 in die Eiderstedter Straße, rechts in die Schulstraße bis zum großen Parkplatz | Tipp Das Haus Jensen ums Eck war Brauerei, Tabakstube, Krämerladen und Bank. Jetzt ist es das Heimatmuseum (Ohlsdorfer Straße 6, geöffnet April–Okt. Di–So 10–17 Uhr, Nov.–März Di–So 10–16 Uhr).

77_Die Pfahlbauten

Wenn die Flut kommt, einfach auf Ebbe warten

Mehr als ein halbes Jahrhundert ist es her und heute undenkbar. Aber damals hatte man Spaß daran. Wer es sich leisten konnte im Wirtschaftswunderland, landete mit seinem Privatflugzeug am Strand von St. Peter-Ording an der Westspitze der Halbinsel Eiderstedt. Lang genug ist er, zwölf Kilometer, und zwei Kilometer breit. Man parkte den Flieger auf dem Sand und stieg die Treppen zur Arche Noah hoch. Dann gab's Champagner für alle.

Was für ein Leben, was für ein Ausblick! Unten aalen sich die Badenden in der Sonne. Die Arche Noah ist eines der Pfahlbauten-Lokale am Strand. Seekiste, Strandburg, 54 Grad Nord und Silbermöwe, das sind die anderen. Sie verteilen sich auf fünf Badestellen. Jeweils umgeben von Sanitäranlagen und Strandaufsicht. Ebenfalls auf hohen Stämmen. Die 15 Pfahlbauten sind Wahrzeichen des Badeorts.

Als Sommerfrischler vor mehr als hundert Jahren St. Peter-Ording für sich entdeckten und Bedarf nach Verköstigung zeigten, hat man die erste Stelzenkonstruktion in den Sand gegraben. Giftbude wurde sie genannt, abgeleitet vom plattdeutschen »dor gift dat wat«. Es soll von Anfang an Hochprozentiges gewesen sein. Gegen das Wasser hatte der Bau aber keine Chance, schon die normale Tide hat hier drei Meter. Die Baumstämme wurden dicker, die Verankerungen stabiler. Heute hat man viel Holz unter der Hütte. Fünf Meter tief stecken die Lärchenpfähle im Untergrund. Bis zu acht Meter hoch stehen die Bistros und Restaurants jetzt über dem Sand. Kommt das Wasser höher als erwartet, kann man einfach die nächste Ebbe abwarten.

Die Stelzenhäuser sind aber in Gefahr. Weil der Meeresspiegel steigt, wird der Strand schmaler. Nach Prognosen des Landesamtes für Küstenschutz gehen an einzelnen Abschnitten jedes Jahr acht Meter verloren. Einige der Pfahlbauten müssen eingerissen werden, Nachfolgebauten werden weiter oben am Strand errichtet. Elf Hütten können bleiben.

Adresse am Strand vor den Ortsteilen Bad und Ording, 25826 St. Peter-Ording | **Anfahrt** von der B 202 in die Utholmer Straße (Ortsteil Ording) oder in die Straße Im Bad (Ortsteil Bad) bis zu den Parkplätzen | **Tipp** Eine Stöpe ist ein verschließbarer Durchbruch im Deich. Im Stöpenhaus auf dem Deich werden dafür Balken und Sandsäcke gelagert. Am Deichdurchbruch an der Olsdorfer Straße im Ortsteil Dorf ist das gut zu sehen.

78__Die Hütte des Eierkönigs

Er musste die Nesträuber vertreiben

Lille Peer war sicher kein Hüne. Er sei eher klein gewesen, so wird berichtet, von gedrungener Statur. Aber mit breitem Kreuz. Und kräftig. So kräftig, dass er sich beim Entladen eines Schiffes zwei Bierfässer gleichzeitig unter die Arme klemmte. Dass er sein Fischerboot auf dem Rücken quer über die Insel tragen konnte. Lille Peer, der Vater von 22 Kindern gewesen sein soll, war der erste Eierkönig von Sylt.

Im 17. Jahrhundert hatten die Sylter das Listland vom dänischen König gepachtet, um dort Vogeleier zu sammeln. Der Eierverkauf war ein einträgliches Geschäft. Und auf dem Ellenbogen, heute der nördlichste Zipfel Deutschlands, brüteten besonders viele Vögel. Für das Ei einer Silbermöwe oder einer Brandgans konnte man auf dem Festland dreimal so viel Geld bekommen wie für ein Hühnerei. 70.000 Eier sammelten die Bewohner in der Saison. Im Mai und im Juni durchstreiften sie die Dünen. Die ersten beiden Gelege entnahmen sie den Nestern, die dritte und letzte Brut ließen sie den Vögeln.

Das alles wollte gut organisiert sein. Dafür wählten die Sylter den Eierkönig, er leitete das Sammeln. Er wohnte in seiner Eierhütte in den Dünen. Tag und Nacht ging er in der Legezeit auf Streife. Seine wichtigste Aufgabe war, die Nester vor Eierdieben zu schützen und Räuber in die Flucht zu schlagen. Eines Nachts sollen 17 Boote aus Skandinavien am Strand des Listlandes gelandet sein. Die Horde stürmte in die Dünen und plünderte die Nester. Als die Eierdiebe flüchten wollten, waren ihre Boote verschwunden. Lille Peer hatte sie versenkt. Aus Rache, so hat es der Inselchronist Christian Peter Hansen aufgeschrieben, wurde Lille Peers erst vierjähriger Sohn Atten entführt. 14 Jahre später ist ein Schiff vor Sylt gestrandet. Lille Peer konnte einen jungen Seemann retten – es war Atten!

Der Ellenbogen ist ein Naturschauspiel. Die Straße bis zur Spitze zu befahren kostet Maut. Aber die ist es wert.

Adresse Ellenbogen, 25992 List | Anfahrt von List auf der Möwenbergstraße (K 121) Richtung Ellenbogen, vor dem Ellenbogen-Berg rechts | Tipp Die Bucht südlich der Landzunge ist der Königshafen. Christian IV. von Dänemark hat hier zum Ende des Dreißigjährigen Krieges eine schwedisch-niederländische Flotte besiegt.

79_Die Murmelhaus-Bank

Einzigartiger Blick über den Sylter Süden

Ein älteres Paar sitzt auf der Bank. Seit Jahrzehnten machen die Eheleute Urlaub auf Sylt. Sie blicken auf Dünengras und Strandrosen. Auf Rotklinkerhäuschen in der welligen Landschaft, mit Reet gedeckt. Nichts Üppiges. Ein paar liegen in Mulden, andere sitzen wie Trutzburgen auf Hügelchen. Im Hintergrund das Meer. Die Eheleute schauen jetzt nach links, zur südlichen Spitze von Sylt, zur Hörnumer Odde. Die Frau sagt: »Was da alles weg ist!« Ihr Mann: »Früher haben wir anderthalb Stunden zu Fuß um die Spitze gebraucht.« Sie: »Das schaffen wir jetzt in 45 Minuten.« Er antwortet: »Alles weggespült.«

Die Murmelhaus-Bank mit dem einzigartigen Ausblick, gestiftet von den Vermietern der Murmelhaus-Ferienwohnung im Ort, steht am Rande der Kersig-Siedlung. 1959/1960 hat der Bauunternehmer Hans Kersig die Häuser hochziehen lassen. Zwei Jahre später riss eine schwere Sturmflut die davor gelegene Düne weg, die Häuser standen jetzt wie auf einer Abbruchkante. Zu ihrem Schutz hat man eine lange Buhne aus Beton errichtet. Neuer Sand wurde aufgeschoben. Der Dünenfuß wurde auf 700 Metern Länge mit Tetrapoden, vierbeinigen Betongiganten, befestigt. Man erzählt sich auf Sylt, das alles sei nur zustande gekommen, weil sich ein Bundesminister unter den Hauseigentümern befand. Die Häuser der Kersig-Siedlung, die mal für 150.000 Mark zu haben waren, werden heute zu Millionen-Preisen gehandelt. Auf ganz Sylt stehen nicht viel mehr als 50 Einzelhäuser mit freiem Blick auf die Nordsee.

Wasser und Wind haben immer an Sylt genagt. Aber seit der Rettung der Kersig-Siedlung wird der Landverlust an der Hörnumer Odde schneller. Zwar hat sich an der Nordseite der Buhne viel Sand angehäuft, aber im Süden reißt das Wasser Meter für Meter weg. Hier, aber auch an anderen Abschnitten der Westküste versucht man, mit Sandaufspülungen die Insel zu schützen.

Adresse in den Dünen von 25997 Hörnum | Anfahrt von der Rantumer Straße rechts ab in die Straße An der Düne, geradeaus in den Odde-Wei, nach 200 Metern rechts in den Greth-Skrabbel-Wei, nach 100 Metern erreicht man einen kleinen Parkplatz, von hier zu Fuß auf dem Sandweg der Beschilderung »Süderende 18/19/20« folgen, die Bank findet man nach 100 Metern auf der rechten Seite. | Tipp 300 Meter unterhalb der Bank steht vor dem Strandlokal Kap Horn eine bizarre Holzfigur.

80__Die Route des Nivea-Express

Wo er ruckelte, rollen jetzt Radler

Eine Mordsgaudi, ein Fez, ein Vergnügen, ein Spässken, ein Jux soll es gewesen sein. Je nachdem, aus welchem Landstrich die Reisenden kamen und welches Idioms sie sich befleißigten. Die Urlauber stiegen im Hafen von Hörnum vom Schiff, wo schon die Inselbahn wartete. Sie stemmten den Lederkoffer in die Türöffnung eines der Waggons, die eine Mischung aus Straßenbahn und Omnibus der 50er Jahre waren und kletterten hinterher. Auf nach Westerland! Gezogen von einer Borgward-Zugmaschine, die man wie einen Sattelschlepper umgebaut und mit Eisenbahnrädern umgerüstet hatte. Am Fahrgestell des kuriosen Vehikels waren Besen befestigt, um den Sand von den Schienen zu putzen. Oft genug blieb es trotzdem in Verwehungen stecken. Fahrgäste schaufelten die Strecke frei, aber sie hatten ihren Spaß. So ruckelte der rot-gelb lackierte Zug durch die Dünen. Die Waggons waren mit Reklame beklebt: »Mit Nivea in Luft und Sonne«. »Nivea-Express« wurde die Bahn deshalb genannt. Es existierte auch eine Strecke von Westerland nach List. Die Trasse über annähernd 35 Kilometer von Süden nach Norden ist zu großen Teilen erhalten und als Radstrecke präpariert.

Die Inselbahn war notwendig geworden, als 1899 der Hamburger Reeder Albert Ballin seine Schiffe nicht mehr die Sylter Westküste hinauf und um den Ellenbogen herum, die Ostküste hinunter bis zum Anleger Munkmarsch schicken wollte. Sondern auf die viel kürzere Reise bis Hörnum. So bekam Hörnum seine Anlegerbrücke. Aber von hier gab es keine Straßen nach Westerland, Sylts Zentrum. Man konnte günstig an Schmalspurgleise kommen, die einfach in den Sand gelegt wurden. Anfangs zogen Dampflokomotiven die Waggons. »Rasende Emma« sagten die Leute, wobei von Rasen nicht die Rede gewesen sein soll. Später setzte man den Borgward-Schienenbus aufs Gleis. Die letzte Inselbahn fuhr 1970.

Adresse von 25997 Hörnum über Rantum, Westerland, Wenningstedt und Kampen nach List | Tipp Nördlich von Hörnum führt der Radweg an Puan Klent vorbei, jedem Hamburger als Jugenderholungsheim ein Begriff. Der Name soll das Versteck des Sylter Eulenspiegels Pua Moders meinen, so eine der Deutungen. Auf der anderen Straßenseite kann man den Olymp besteigen, eine Düne mit Fernblick.

81_Das Boulodrome

Nicht nur ältere Herren schieben hier eine Kugel

Man kann sich gut vorstellen, wie sich die Herren hier treffen. Sie haben ja alle in Kampen gelebt. Axel Cäsar Springer, Zeitungszar und Erfinder der Bild. Peter Boenisch, deren legendärer Chefredakteur. Buchverleger Peter Suhrkamp. Und Thomas Mann. Ganz vernarrt war er in Sylt: »An diesem erschütternden Meere habe ich tief gelebt, und was es aufregte, das wird, gebe es Gott, irgendwie einmal ehrenhaft fruchtbar werden.«

Unsere illustre Runde will eine ruhige Kugel schieben, hat sich am Boulodrome verabredet. Die Sakkos haben die Herren auf der Holzbank an der roten Blockhütte abgelegt. Bahn eins. Sie spielen ein Doublette, zwei gegen zwei. Jeder hat drei silberne Kugeln. Thomas Mann zieht einen Halbkreis in den Sand, der nicht überschritten werden darf. »Wirf die Sau«, sagt Springer. Mann markiert mit dem Cochonnet, das sie auch damals nicht ganz so vornehm Schweinchen nennen. Die gelbe Zielkugel landet in zehn Meter Abstand. Mann legt vor. Seine erste Spielkugel kann er dicht an der Sau platzieren. Jetzt Springer. Geht in die Knie, federt nach oben, wirft. Die Kugel rollt aus. Springer, der Fuchs, hat sich zwischen Mann und das Schweinchen geschoben. Der robuste Boenisch ist dran, Thomas Manns Partner. Treffsicher und wie mit einer Kanonenkugel schießt er den Chef weg von der Sau. Suhrkamp verballert.

Ein Szenario, sicher. Aber so könnte es gewesen sein. Der Kampener Dorfpark hat einen Ententeich, Springbrunnen, ein Hügelgrab, ein Ehrenmal und das Boulodrome mit vier Bahnen. Die Pétanque-Spielgemeinschaft »Sylter Bouletten« trifft sich hier, Gäste sind willkommen. Seit 2009 heißt der Park mit Ruhebänken und Skulpturen Avenarius-Park. Ein Ort der Muße. Ferdinand Avenarius (1856–1923) war Herausgeber der Zeitschrift »Der Kunstwart« und Vorkämpfer für den Naturschutz auf Sylt. Er machte Kampen zum Treffpunkt für Kulturfreunde und Künstler.

Adresse Parkweg/Eingang Avenarius-Park, 25999 Kampen, Tel. 04651/877335 | Anfahrt von der Hauptstraße in den Arnikaweg, links in den Hans-Hansen-Wai, rechts in den Parkweg | Öffnungszeiten ganzjährig, die »Sylter Bouletten« treffen sich April–Okt. Mi, Fr 16 Uhr, So 11 Uhr; Nov.–März Mi, Fr 14 Uhr, So 11 Uhr; Gäste, »Fortgeschrittene wie Anfänger«, sind willkommen | Tipp Es lohnt ein Spaziergang durch die Straßen um den Park. Die Hausbesitzer, die oft nur für zwei Wochen im Jahr kommen, heißen alle »Vorsicht Hund«. Sicherheitsdienste spielen Leben in der Bude vor: Rollladen rauf und runter, Stimmen vom Computerstick.

82__Buhne 16

Seit 1850 wird auf Sylt nackt gebadet

Reich, schamlos, sündig. Nichts steht so wie Buhne 16 für Verruchtes auf Sylt. Buhne 16, das war in den 50er, 60er und auch noch Anfang der 70er Jahre in den Illustrierten das Synonym für Sex und Suff. Der Krupp-Generalbevollmächtigte Berthold Beitz soll sich hier beim Volleyballspielen hervorgetan haben. Playboy Gunter Sachs kam mit Brigitte Bardot. Der Boxer Bubi Scholz, das Journalisten-Ehepaar Klaus Rainer Röhl und Ulrike Meinhof, die Erotik-Händlerin Beate Uhse, der Erotik-Erklärer Oswald Kolle und der Erotik-Fotograf David Hamilton sind weitere Namen, die fallen. Romy Schneider war auch hier, aber die fand Sylt »zu doof, zu windig, zu nackt«.

1981 setzten drei Brüder oberhalb des Strandabschnitts eine Bretterbude in die Düne. Buhne 16 hieß jetzt auch der Verkaufsstand. Heute führen zwei Söhne das Bistro mit Terrasse, das längst auch Legende ist. Von hohem Ruf ist die Berliner Currywurst mit hausgemachter Sauce, nicht wegzudenken ist der Rosinenkuchen. Sonnenanbeter und Surfer kommen hierhin, Medienstars, andere Promis, Promi-Gucker. Vielleicht gibt es hier noch immer die heißesten Partys des Sommers, aber geschrieben wird darüber nicht.

Das hüllenlose Strandvergnügen an Buhne 16 ist seit der 68er-Bewegung und dem Ruf nach freier Liebe ganz selbstverständlich. Heute hat jede Gemeinde an der Westküste Sylts großzügige Nacktbadezonen, wenn nicht ohnehin die Grenzen zwischen Nackten und Halbnackten verschwimmen. Nach dem Ranking eines Reisebewertungsportals liegt Sylt weltweit auf Platz zwei der anziehendsten Strände zum Ausziehen. Angefangen hat alles 1850. Der Sylter Arzt Andreas Jenner empfahl: »Unter allen Umständen bade man ohne Kleidung. Ausgenommen sei eine Kappe für das Haar der Damen.« Kleidung behindere die belebende Wirkung des Wellenschlags. Frauen und Männer gingen aber zunächst an getrennten Stränden unten und oben ohne ins Wasser.

Adresse Weststrand, 25999 Kampen, Tel. 04651/4996 | **Anfahrt** auf der L 24 von Kampen nach List, 800 Meter nach Ortsausgang Kampen auf der linken Seite ein großer Parkplatz, von hier zu Fuß 800 Meter durch die Dünen, zuerst fester Sandweg, dann Holzsteg (ist ausgeschildert) | **Öffnungszeiten** ab der ersten Woche vor Ostern bis Mitte Oktober täglich ab 10 Uhr, open end! | **Tipp** Auch ein legendäres Dünen-Lokal: das Samoa-Seepferdchen bei Rantum (Hörnumer Straße 70). Weil Sylt hier nur 500 Meter breit ist, hat man Blick auf die Nordseebrandung im Westen und das Wattenmeer im Osten (geöffnet täglich ab 12 Uhr).

83__Springers Burg

Ein Minister half beim Löschen

Weil Politik nicht nur auf offener Bühne gemacht wird, sondern auch am Kamin, in der Sauna, bei gutem Essen, früher auch noch im Zigarrensalon die Strippen gezogen wurden, hat dieses Anwesen viel erlebt: der Klenderhof. Der Zeitungsverleger Axel Cäsar Springer nutzte ihn mehr als zwei Jahrzehnte als Gästehaus. Ein Hubschrauber flog ihn aus Hamburg direkt in den Garten. Hierhin lud er Wirtschaftsbosse, Kulturschaffende, Diplomaten und Politiker. Willy Brandt ist der prominenteste Gast gewesen.

Karl Schiller, Wirtschafts- und Finanzminister, half hier eines Morgens um acht mit dem Gartenschlauch, ein Großfeuer zu löschen. Es war ein Schock für die Insulaner. Ein Terroranschlag auf Sylt? Der 5. August 1973 ist ein stürmischer Sonntagmorgen. Sirenen heulen, wie ein Lauffeuer spricht es sich herum: Die Springer-Burg, wie sie die Villa nennen, steht in Flammen. Mehrere Brandsätze sind gezündet worden. Einige kann Hausmeister Helmut Sönksen noch aus dem Reetdach ziehen. Ein Attentat der Roten Armee Fraktion? Rache für die Inhaftierung von Andreas Baader und Ulrike Meinhof? Helfer können wertvolle Möbel und antiquarische Bücher retten. Nach zwei Stunden ist das Feuer unter Kontrolle. Ein Löschfahrzeug, das Springer ein Jahr zuvor der Kampener Feuerwehr gespendet hatte, hat wertvolle Dienste geleistet. Aber vom Nordflügel sind nur verkohlte Trümmer übrig. Die Täter werden nie gefunden.

Springer hat die Trutzburg mit ihren zwölf Zimmern, fünf eleganten Bädern und Musik-Kabinett auf 600 Quadratmetern Wohnfläche wiederaufbauen lassen. Nach seinem Tod 1982 veräußerte die Witwe das Prestigeobjekt. Ein Schweizer Unternehmer kaufte die Villa. Man sagt, er habe sich sein Ferienhaus auf dem 20.000-Quadratmeter-Grundstück mit Wattenmeerblick einen zweistelligen Millionen-Betrag kosten lassen. Für die Sylter ist der Klenderhof immer noch Springers Burg.

Adresse Norderende 1/Grönning, 25999 Kampen | Anfahrt von der Hauptstraße in den Hoogenkamp, nach 300 Metern links in den Hans-Hansen-Wai, gleich rechts in die Straße Norderende, der Klenderhof liegt links hinter hohen Hecken, der bessere Blick: den Hans-Hansen-Wai geradeaus weiter in die Sackgasse bis zum Fuß-/Fahrweg Grönning, dann rechts, der Klenderhof liegt oberhalb | Tipp Ein schöner Wattseite-Wanderweg führt den Grönning entlang über den Fennenweg bis zum Naturschutzgebiet Braderuper Heide.

84 Der Strönwai

Beste Zeiten, schlechte Zeiten, gute Zeiten

Gelästert wird gerne. Früher, da seien die Prominenten gekommen. Heute kämen deren Friseure. Die Ferraris, Daimler, Porsches, Maseratis, die an Ostern und Pfingsten und im Hochsommer die Parkbuchten am Strönwai (Strandweg) zustellen, die seien doch alle nur gemietet. Die 60er und 70er Jahre, das seien ganz andere Zeiten gewesen. Beim Pony-Wirt Gebi Götsch, dem Tiroler, der im Winter Skilehrer in St. Anton war, hätten sich die Flicks, die Bismarcks, die Höfers, die Juhnkes, die Lindenbergs in den Armen gelegen. Und die Underbergs auch. Im Gogärtchen hätte Gastgeber Rolf Seiche alle Bettgeschichten gewusst und sie für sich behalten. Als die Männer noch richtige Hechte waren. Als ihre Begleiterinnen, die ihre Klunker und Brüste ausführten, nicht immer die Ehefrauen waren. Der Kapitän, der in einem Vorgarten am Strönwai auf seiner Gartenbank sitzt, hat sie alle gesehen.

Das Pony, das Gogärtchen, auch den Rauchfang gibt es immer noch auf der Whisky-Meile. Diesen Beinamen hat der Strönwai seit jenen wilden Zeiten, wobei sich die Meile auf 300 Meter erstreckt. Mag sein, dass heute mehr Audis und BMWs zwischen anderen Nobelschlitten stehen. Mag sein, dass die legendären Clubs nach ihren besten Jahren auch schlechte hatten, als abgehalfterte C-Prominenz goldenen Tagen nachtrauerte. Aber jetzt sind die Zeiten jedenfalls wieder gut.

Die Bistros und Restaurants, die Gartenlokale davor und nachts die Bars sind munter besucht. Von Jung und Alt. Von Leuten, die zum Gucken kommen und an ihrem »Sex on the Beach« für 13 Euro lange nippen. Leuten, die einen draufmachen wollen und gleich die Drei-Liter-Flasche Nordsee-Vodka für 650 Euro ordern. Von Leuten mit Geschmack und Leuten ohne. Ein bunter Mix. Die jungen Wirte und Geschäftsführer sind aus einer anderen Generation. Sie heißen Björn im Rauchfang, Patrick und Benni im Gogärtchen. Im Pony haben Tim und Tom übernommen.

Adresse Strönwai, 25999 Kampen | Anfahrt Seitenstraße der Hauptstraße, gegenüber der Touristeninformation im Kaamp-Hüs | Öffnungszeiten ab mittags, solange der Champagner fließt | Tipp Das Betreten der Dünen ist streng verboten auf Sylt, die Uwe-Düne hinter dem Strönwai darf aber bestiegen werden. Sie ist mit 52,5 Metern Sylts höchste Erhebung. 109 Stufen führen hinauf.

85_Das Waterküken

Das teuerste Haus der Welt

Der 180-Grad-Blick ist unverbaubar. Vom Morsumer Kliff ganz rechts bis links zum Hafen von List. Davor tanzt Schilfgras im Wind. Das 2.300-Quadratmeter-Grundstück mit Sonnenkuhle ist nicht einzusehen. Das Reetdachhaus darauf hinterm Wall ist das kleinste in einer solch herausragenden Lage in Kampen. Es ist wohl auch das wertvollste. Gemessen am Quadratmeterpreis ist es das teuerste Haus der Welt.

Eigentümer Matthias Haase hat am Mast vor dem Häuschen eine Fahne mit Dürer-Hase aufgezogen. Waterküken nennt er sein Kleinod. Haase handelt mit Immobilien. Vor einigen Jahren hat er seinen stolzen Besitz mit 30 Quadratmeter Grundfläche, den er einmal für 1,2 Millionen Mark von einem Textilunternehmer gekauft haben soll, für 4,8 Millionen Euro zum Kauf angeboten. Nur wenig später schätzte Medienberichten zufolge eine große Bank den Wert schon auf sechs Millionen. Das sind 200.000 Euro für einen Quadratmeter. 30.000 und mehr, das erzielt man schon auf Sylt. Aber 200.000, das ist selbst für Kampen, wo man leichter eine Rolex als Kartoffeln kaufen kann, ein ungewöhnlicher Preis. »Täglich melden sich bei uns zwei bis drei Interessenten«, wird Matthias Haase zitiert. Ein Politiker, ein pensionierter Arbeitgeber-Funktionär und ein Fernsehmoderator sollen darunter gewesen sein.

Wer so viel Geld ausgeben kann, bekommt ein Ein-Raum-Häuschen mit Terrakottafliesen ausgelegt. Das Waterküken ist mit einem Tisch und vier Stühlen, einem Ledersessel und einer blauen Truhe eingerichtet. Die offene Küche mit Friesenkacheln hat Geschirrspüler, Mikrowelle, Grill. Ein enges Duschbad ist abgetrennt. Eine steile Stiege führt zur Schlafgelegenheit unterm Dach. Durchs halbrunde Fenster scheint morgens die Sonne. Leicht zu verkaufen ist das Waterküken offenbar nicht. Matthias Haase bietet es auch als Ferienhäuschen an. Der Preis? Verhandlungssache. 1.000 bis 1.500 Euro sollen es sein. Am Tag.

Adresse Fennenweg, 25999 Kampen/Ostufer | Anfahrt von der Hauptstraße in den Wattweg bis zum Ende, an der Gabelung Quellerweg/Osterheideweg parken, den Quellerweg 150 Meter entlang, dann rechts 50 Meter abwärts, wieder rechts, nach 40 Metern liegt das Waterküken links hinter einer Strandrosenhecke. | Tipp Am Waterküken rechts vorbei führt ein Steg durchs Schilf bis zum Ufer. Einfach mal ausruhen und ein bisschen träumen!

86_Das Haus des Walfängers

Lorens Peter Hahn erbeutete 169 Tiere

Oft genug ist es ein Kampf um Leben und Tod. In ihren Schaluppen, Booten für sechs Männer, rudern diese im Eiswasser von Grönland im toten Winkel an den auftauchenden Wal heran. Direkt von vorn oder von hinten, sodass er sie nicht sehen kann. Zehn Meter, acht Meter, sechs Meter, so nah wie möglich, damit sie die Harpune zielsicher werfen können. Steckt diese in der Speckschicht, beginnt erst das eigentliche Abenteuer. Das angegriffene Tier taucht ab, zieht die Schaluppe hinter sich her. »Grönländische Schlittenfahrt« nennen die Männer den Höllenritt. Die größte Gefahr ist jetzt, dass der Wal die Schaluppe unters Eis zieht, wenn sie die Fangleine nicht rechtzeitig kappen. Taucht der Wal wieder auf, rudern die Männer in den anderen Booten heran, rammen ihm ihre Harpunen in die Schwarte. Bis sie dem erschöpften Tier endlich mit dem Lanzenmesser den Todesstoß in Herz oder Lunge versetzen.

Von Heringen und den Erträgen des Ackerbaus können die Sylter Mitte des 17. Jahrhunderts nicht leben. Wer kräftig und mutig genug ist, heuert deshalb auf Walfangschiffen an, die vom Frühjahr bis zum Herbst in den Gewässern vor Spitzbergen unterwegs sind. Die Frauen müssen allein zurechtkommen. Im Haushalt. Mit den Kindern. Auf den Feldern. Bis Anfang des 19. Jahrhunderts bringt der Walfang Wohlstand. Viele Matrosen steigen zum Bootsmann, Harpunier oder Speckschneider auf. 1790 sind unter den 2.000 Bewohnern Sylts 100 Kapitäne. Das alte Kommandeurshaus in Keitum erzählt von ihrem Leben.

Lorens Peter Hahn war der erfolgreichste Walfänger der Insel. Erst mit 67 Jahren setzte er sich zur Ruhe, bis dahin hatte er 169 Wale erbeutet. Jedes Tier war Tausende Taler wert. Aus dem Speck ließen sich 17.000 Liter Tran als Brennstoff für die Straßenlaternen der Großstädte gewinnen. Die Barten, die Hornplatten des Oberkiefers, konnte man als Korsettstangen gebrauchen. Lorens Peter Hahn war damals der reichste Mann der Insel.

Adresse Am Kliff 19, 25980 Keitum, Tel. 04651/31669 | Anfahrt von der Straße Gurtstig in den Uwe-Jens-Lornsen-Wai, rechts in die Straße Am Kliff | Öffnungszeiten April–Okt. Mo–Fr 10–17 Uhr, Sa, So 11–17 Uhr, Nov.–März Do–So 11–15 Uhr | Tipp Wie eine Entertainerin gestaltet Silke von Bremen Führungen auf Sylt. Die ehemalige Direktorin des Heimatmuseums erzählt unter anderem von »Bräuten, Jungfern, Seemannswitwen«, dem Leben der Sylter Frauen im 18. Jahrhundert (Kontakt über den Tourismusservice, Tel. 04651/82020).

87_Sankt Severin

Rudolf Augstein fand hier die letzte Ruhe

Der Publizist Fritz Raddatz hatte sich hier schon zu Lebzeiten eine Ruhestätte gesichert. Ein Findling stand bereits darauf, zunächst unbeschriftet. Umgeben von Farnen und einem weißen Rosenstock. Anfang 2015 hat Raddatz sich das Leben genommen. Er konnte nun »die letzte Wohnung« beziehen, wie er das Grab zu Lebzeiten nannte.

Der Friedhof der Keitumer Kirche Sankt Severin muss eine mystische Anziehungskraft haben auf die feingeistig Schaffenden. Die Namen auf den Grabsteinen lesen sich wie ein »Who was Who« der Insel. Der große Verleger Peter Suhrkamp ist hier beigesetzt, der Schriftsteller Ferdinand Avenarius, der Maler Otto Eglau, Synchronsprecher Edgar Ott (Benjamin Blümchen, Balu, der Bär). Das schlichte Grab des Spiegel-Gründers Rudolf Augstein ist von Efeu umrankt.

Der Gottesacker von Sankt Severin war immer ein kultischer Ort. Die Germanen haben an dieser Stelle der Liebesgöttin Freya gehuldigt. Der Eichendachstuhl der Kirche wird auf das Jahr 1216 datiert, er ist der älteste Norddeutschlands. Und die Kirche ist einer der ältesten Sakralbauten Schleswig-Holsteins. Wuchtig ist er, Granitquader tragen den Tuffsteinbau. Errichtet in einer Zeit, als die Dorfbewohner beengt in einfachsten Lehmhütten lebten. Als wie groß müssen sie ihre Dorfkirche im Vergleich empfunden haben. Die Bedeutung, die der Glaube für sie hatte, spiegelt sich in diesem Größenverhältnis wider. Der Kirchturm war bis 1803 auch Gefängnis.

Viele Geschichten gibt es über Sankt Severin. Eine erzählt von einer Hexe. Die große Glocke, prophezeite sie, werde den stärksten Jüngling Sylts erschlagen. Danach werde der ganze Turm einstürzen und das schönste Mädchen unter sich begraben. Tatsächlich fiel an einem zweiten Weihnachtstag im 18. Jahrhundert die Glocke herab und tötete Sören Sörensen beim Läuten. Die hübschesten Frauen der Insel, so sagt man, halten sich seither von Sankt Severin fern.

Adresse Pröstwai 20, 25980 Keitum, Tel. 04651/31713 (Kirchenbüro) | **Anfahrt** von Westerland über die Keitumer Landstraße, links ab nach Keitum, im Kreisverkehr die dritte Ausfahrt in den Pröstwai, auf der rechten Seite | **Öffnungszeiten** täglich 9–16 Uhr | **Tipp** Harhoog und Tipkenhoog, steinzeitliche Hünengräber, liegen auf einem Hügel oberhalb des Grünen Kliffs. Dort verabschiedeten die Keitumer Frauen ihre Männer, die zum Walfang fuhren.

88 Die Akademie am Meer

Selbst vielen Syltern ist sie ein Mysterium

Wenn nach einer Julinacht am frühen Morgen die Sommerluft über die Dünen kriecht, wenn in Kampen die Nachtschwärmer aus den Clubs ihren Luxusdomizilen unter Reet entgegenstolpern – dann erwacht nur eine Autominute nördlich eine ganz andere, eigenwillige Sylter Zauberwelt. Ausgeschlafene Menschen, Gäste der Akademie am Meer, sind dort im Klappholttal schon um sieben auf dem Weg zum Morgensingen oder zum Yoga am Strand, kommen bereits vom Bad in der frischen Nordsee. Sie wirken entspannt, irgendwie haben sich alle lieb. Das muss er sein, der viel zitierte Geist des Klappholttals. Selbst vielen Syltern ist dies eine unbekannte Welt. »Wir pflegen den Mythos des Geheimnisvollen«, wird der frühere Akademiedirektor Hartmut Schiller zitiert.

Viele Urlauber haben den Privatweg zu diesem sehr ursprünglichen Teil der Insel noch nicht betreten. Eingebettet in die Dünen liegen schlicht eingerichtete Gästehütten, neuerdings mit Heizung. Sie haben träumerische Namen: Däumling, Puck, Bellatrix oder Tintenfisch. Holzstege und Treppen zwischen Büschen der Syltrose verbinden sie miteinander. Die Akademie am Meer, Volkshochschule mit dem Auftrag der Erwachsenenbildung, hat Platz für 250 Gäste in 150 Häusern und Zimmern. Annähernd 40.000 Übernachtungen zählt man im Jahr. Die Besucher buchen Kurse wie »Venezianischer Maskentanz«, »Achtsamkeitstraining«, »Gelassen und sicher im Stress«, »Qi-Gong und Tai Chi«, »Breathwalk am Meer«. Der Direktor: »Klappholttal steht für Muße, Selbstbestimmung und Entschleunigung von der oft fremdbestimmten Alltagswelt.«

Die Akademie führt fort und entwickelt weiter, was der Arzt Knud Ahlborn 1919 begründet hat. In den Resten von Baracken der kaiserlichen Marine entstand zunächst ein Jugendlager. Nacktbaden am Morgen mit Frottieren gehörte zum täglichen Ritual. 1927 genehmigte das auch die Polizei. Der Strand von Klappholttal war Sylts erster legaler FKK-Strand.

Adresse Klappholttal, 25992 List, Tel. 04651/9550 | Anfahrt von Kampen über die Lister Straße, kurz nach der Vogelkoje (rechts) links ab in die Privatstraße (ist ausgeschildert), von hier 800 Meter bis Klappholttal | Tipp Der Holzsteg zwischen den Häuschen führt über die Dünen bis zum Strand. Von der Bank auf dem Dünenkamm aus hat man einen phantastischen Weitblick.

89__Dittmeyer's Austern Compagnie

Drehen, ruckeln, drücken

»Ich bin Bauer im Meer. Ich säe, pflege, ernte«, sagt Christoffer Bohling, den alle im Team »Chef« nennen. Seit 20 Jahren ist er dabei und natürlich kann der Wattenmeer-Farmer gut erklären, wie man fachgerecht eine Auster öffnet. Die Hand, in der sie liegt, ist mit einem Handschuh aus Edelstahl geschützt. Mit der anderen setzt man einen irgendwie zu kurz geratenen Brieföffner, den Austernbrecher, am Scharnier der Muschel an. Jetzt drehen, ruckeln, die flache Seite der Auster nach oben drücken. So wird der Muskel durchtrennt. Kenner meinen: Die Auster kauen, nicht schlürfen! Erst so entfalte die Sylter Royal ihren vollen Geschmack. Der liegt zwischen jungem Kohlrabi und Nuss und nistet sich auf der Zunge ein. Der »Chef« isst die Auster am liebsten »pur oder einfach gedämpft«.

Christoffer Bohling ist Betriebsleiter der Dittmeyer's Austern Compagnie. Oft ist er draußen bei seinen Jungs im Watt. Dort sind in langen Reihen kniehohe Eisentische verankert. Die grobmaschigen Kunststoffsäcke darauf sind fest verzurrt, jeder mit bis zu 200 Austern gefüllt. Die Männer wenden und rütteln die Säcke, damit die Tiere nicht zusammenwachsen. Bis zur Flut müssen sie fertig sein. Die Wellen bringen die Nahrung. Austern filtern 20 Liter Wasser in der Stunde. Die Mikroorganismen wandeln sie in Vitamine und Mineralstoffe um. Zwei Jahre wachsen die eiweißreichen Delikatessen, bis sie 80 Gramm schwer sind.

Die Tiere werden von Hand geputzt und in Spankörbe gebettet. Jede dritte Auster wird auf der Insel verspeist. Die Compagnie liefert an das KaDeWE in Berlin, an die Luxusdampfer MS Europa und MS Deutschland. Gezüchtet wird die Pazifische Felsenauster. Die Tiere überwintern in Tanks an Land. Eisschollen könnten die Schalen zerbrechen. Man hat auch eine Lizenz, auf Sandbänken wilde Austern zu sammeln.

Adresse Hafenstraße 10–12, 25992 List, Tel. 04651/877525 | **Anfahrt** vom Hafen aus die Hafenstraße entlang nach 300 Metern auf der rechten Seite | **Öffnungszeiten** Restaurant: April–Okt. 12–22 Uhr, Nov.–März 12–21 Uhr | **Tipp** Noch ein Dessert nach dem Austern-Schmaus? 600 Meter weiter rechts gibt's in der Sylter Eismanufaktur Verführerisches (Dünenstraße 3).

90_Der Dünentunnel

Vom Winde verweht

Langsam, ja. Aber sicher! Unaufhaltsam schiebt der Wind die mächtigen Dünen im Norden Sylts auf die Listlandstraße zu. Sie ist Lebensader zwischen Westerland und dem Norden der Insel. Vor allem bei Südwestwind wandern die Dünen Richtung Osten. Zehn Meter im Jahr können es sein, im Schnitt waren es in der Vergangenheit vier Meter. Der Landesbetrieb Straßenbau und Verkehr wollte es genauer wissen, hat nachgemessen. Nur 83 Meter ist die südlichste Düne noch von der Listlandstraße entfernt. »Es bleiben rund 19 Jahre bis zum Schadenseintritt«, so die Behörde. Sie meint: Dann begräbt der Sandberg den Asphalt unter sich. »Wir rechnen damit, dass die Wanderdüne innerhalb der nächsten Generation die Straße erreicht«, hat Sven Lappoehn, Chef des Heimatvereins, dem Hamburger Abendblatt gesagt. Wenn der Wind nicht stärker bläst.

Die drei Sandberge, umgeben von Heidelandschaft, sind Europas größtes zusammenhängendes Wanderdünengebiet. 30 Meter hoch, sie bedecken eine Fläche von 2.500 Fußballplätzen. Seit hundert Jahren stehen sie unter Naturschutz. Betreten ist strengstens verboten!

Was tun? Man könnte die Dünen bepflanzen. Strandhafer wurzelt zwölf Meter tief. Das würde die Wanderung verlangsamen. Eine neue Straße ist denkbar entlang der Westseite der Dünen. Dort, wo man jetzt über die Platten der alten Panzerstraße aus dem Krieg rumpeln muss. Naturschützer favorisieren eine dritte Idee: einen Tunnel bauen! Jetzt! Ingenieure schlagen eine gewölbte Röhre in offener Bauweise über der zweispurigen Straße mit Radwegen vor. Einen Modulbau aus Stahlelementen, die abhängig von der genauen Wanderrichtung der Düne versetzt werden können. Langsam könnte sie über den Tunnel wandern. Und wenn sie die Straße überquert hat, baut man diesen wieder ab. Man rechnet mit 15 Millionen Euro Kosten. Sven Lappoehn: »Es wäre das erste Mal, dass ein Tunnel gebaut wird, bevor der Berg kommt.«

Adresse Listlandstraße, 25992 List | **Anfahrt** von Kampen auf der Listlandstraße Richtung List, auf der linken Seite | **Tipp** Eine der schönsten Aussichten über die Dünenlandschaft hat man von der Aussichtsdüne an der Mövenbergstraße am nördlichen Ortseingang Lists. Führungen auf unbefestigten Pfaden zum Fuß der größten Wanderdüne bietet das Erlebniszentrum Naturgewalten an (Hafenstraße 37, Infos unter www.naturgewalten-sylt.de). Festes Schuhwerk nötig!

91 Die Gret Palucca

Getauft auf den Namen der berühmten Tänzerin

Hände hoch! Das ist ein Überfall! Furchterregend sehen die Seeräuber aus. Rot-weiße Ringelhemden, Augenbinde, Piraten-Kopftücher. Mit Krummsäbeln sind sie bewaffnet. Sie haben die Gret Palucca geentert. Jetzt hissen sie den Jolly Roger, die Totenkopffahne. Gleich stechen sie in See. Müssen Piraten-Mutproben bestehen, Gefangene befreien, auf Schatzsuche gehen. Die Piraten-Törns an Bord der Gret Palucca sind ein Hit bei Kindern.

85 Jahre alt ist das Schiff, das im Hafen von List seinen Liegeplatz hat. Der schwarz gestrichene Rumpf ist aus dicken Eichenplanken gebaut. Als sogenannter Kriegsfischkutter wurde die Gret Palucca in Dienst gestellt, von der Marine aber auch als Vorpostenschiff eingesetzt, um die Küste zu sichern. Heute ist sie ein Ausflugsschiff der Reederei Adler. Gleich neben ihr im Hafen liegt die knallrote Rosa Paluka.

Das war die Mutter. Gret Palucca, die Tochter, hat das »k« im Namen leicht modifiziert und sich einen Künstlernamen zugelegt. »Die Palucca« (1902 – 1993) war ein international gefeierter Tanzstar. Ihr Stil wird als fröhlich, unbeschwert und humorvoll beschrieben. Als Ausdruckstänzerin machte sie eine Solokarriere. Der Expressionist Ernst Ludwig Kirchner hat sie als »Tanzender Frauenakt« gemalt. Maholy Nagy, Lehrer am Bauhaus, wo sie auftrat: »Palucca verdichtet den Raum, sie gliedert ihn: Der Raum dehnt sich, sinkt und schwebt – fluktuierend in allen Richtungen.«

Seit 1923 verbrachte Gret Palucca den Sommer in List, gab auch Gastspiele am Ort. In Dresden gründete sie ihre eigene Schule. 1939 verboten die Nationalsozialisten ihre eigenwilligen Tanzinterpretationen, erst nach dem Krieg konnte die Palucca-Schule wieder öffnen. Bis ins hohe Alter hat Gret Palucca als Tanzpädagogin gearbeitet. Die Volkshochschule Klappholttal auf Sylt veranstaltet jedes Jahr eine Palucca-Woche mit nächtlichen Tänzen im Fackelschein am Strand.

Adresse Am Hafen 22, 25992 List, Tel. 04651/9870888 (Reederei Adler) | Anfahrt von der Listlandstraße in die Hafenstraße, nach dem Kreisverkehr rechts großer Parkplatz | Öffnungszeiten Fahrzeiten tideabhängig, Info unter www.adler-schiffe.de | Tipp Im Hafen List liegt auch der Seenotrettungskreuzer Pidder Lüng, er war ein Sylter Freiheitskämpfer. Auf der nördlichsten Station der Deutschen Gesellschaft zur Rettung Schiffbrüchiger sind 13 Mitarbeiter im Einsatz. Sie helfen auch in dänischen Gewässern.

92__Die Nackte beim Gosch

Vom Bauchladen zum Fisch-Imperium

Spärlich beleuchtet, spärlich bekleidet. Die mintgrüne Korsage lässt Platz für den nackten Busen. Die alte Galionsfigur hängt in der Bootshalle am Lister Hafen. Der Gastraum ist so üppig dekoriert, wie die Brüste der Dame prall sind. Ein Hai springt aus der Wand. Gegenüber der Bar »Zum feuchten Hering« zappelt ein Hummer im Eimer eines Leichtmatrosen. Fischer angeln aus Booten, die unter der Decke baumeln. Das alles ist Gosch. Gosch ist ja schon überall, aber hier ist Gosch ganz besonders. Der Fischkonzern betreibt in List außer der Alten Bootshalle das Hafendeck Restaurant, das Restaurant Knurrhahn, die Nördlichste Fischbude Deutschlands, das Lister Fischhaus. Man kann nicht von Sylt abreisen, ohne beim Gosch gewesen zu sein.

Mit den Nackten hat auch alles angefangen für Jürgen Gosch, den alle Jünne nennen. Als Maurer ist er auf die Insel gekommen, aber er merkt schnell, dass der Fischverkauf eine Marktlücke ist. So stapft er 1967 mit Aalen und Brötchen durch den Sand, schwenkt seine Bimmel und jodelt. Da stapfen die Nackten aus den Dünen zu ihm, und Aal-Jünne gelingt es, ihnen in die Taschen zu greifen. Immer einen kessen Spruch auf den Lippen. »Möchten Sie einen weiblichen oder einen männlichen Aal?« Vor allem die Frauen sollen neugierig gewesen sein, was der Unterschied ist. »Aale, die auf dem Rücken liegen, das sind die Weibchen. Die männlichen liegen auf der Seite. Die sind fertig mit der Welt.« Als ihm der Bauchladen zu klein wird, schiebt Jürgen Gosch einen Zweieinhalb-Meter-Stand auf die Lister Hafenmole. Er hat jetzt die nördlichste Fischbude Deutschlands.

»Fisch-König«, »Fisch-Papst« haben Medien ihn genannt. Heute hat das Unternehmen Gosch elf Verkaufsstellen auf Sylt, beliefert Dutzende Franchise-Nehmer in der Republik. Krabben pulen mit geschlossenen Augen und nur einer Hand, das kann Jürgen Gosch noch immer. Darin war er mal Weltmeister.

Adresse Am Hafen, 25992 List, Tel. 04651/870383 | Anfahrt von der Listlandstraße in die Hafenstraße, nach dem Kreisverkehr rechts großer Parkplatz | Öffnungszeiten täglich 11–21 Uhr | Tipp Der Prachtbau südlich des Hafens hat das größte Reetdach der Insel. Er ist das Medical Health Resort Lanserhof, hat erst vor Kurzem eröffnet. Wer es sich leisten kann, hungert hier bei einer Milch-Semmel-Kur nach der Idee des österreichischen Arztes Franz Xaver Mayr (Am Lanserhof 1).

93__Der Startplatz des Überfliegers

Von List nach New York

Niemand ist eingeweiht. Auch Kopilot Eduard Zimmer, Funker Fritz Albrecht und Bordmechaniker Franz Hack haben keine Ahnung. Als sie mit Chefpilot Wolfgang von Gronau am 18. August 1930 mit ihrem Dornier-Wasserflugzeug »Wal D-1422« vom Lister Hafen aus starten, lautet der Auftrag: »Fliegen Sie das Nordkap an und kehren Sie nach List zurück.« Das seichte Wasser vor dem Hafen und in der angrenzenden Blidselbucht ist damals Start- und Landeplatz der Dornier-Flugzeuge. Wolfgang von Gronau ist »Ausbildungsleiter See« der Deutschen Verkehrsfliegerschule auf Sylt.

Um 14.20 Uhr pflügt der zweimotorige »Wal« durchs Wasser, hebt donnernd ab. 2.350 Liter Kerosin sind im Tank. Schnell ist die alte Maschine nicht. 150 Kilometer schafft sie in der Stunde. Fünf Jahre zuvor hatte Roald Amundsen versucht, mit ihr den Nordpol zu erreichen. Dann weiht Wolfgang von Gronau die Kameraden ein: »Ich will weiter nach New York! Macht ihr mit?« Keine Frage für das Team. Erst über Island funkt der Kapitän: »Fliegen, Ihre Zustimmung vorausgesetzt, über Grönland nach New York.« In Berlin tobt der Verkehrsminister.

Nach 44 Stunden, 25 Minuten und 6.785 Flugkilometern wassert der »Wal« auf dem Hudson River. Der Flugpionier: »Als wir New York erblicken, ist der Traum Wirklichkeit geworden. Ungeheuer ist der Eindruck der Wolkenkratzer. Dann ein großer Moment: die Kurve um die Freiheitsstatue. Endlich landen wir.« Die New Yorker feiern die Männer. US-Präsident Herbert Hoover empfängt Wolfgang von Gronau, den Überflieger. Der Minister in Berlin schickt ein Telegramm: »Mit Stolz auf den kühnen Flug, mit dem Sie dem Ansehen unseres Volkes in der Welt einen guten Dienst erwiesen haben.« Im Hafen von List erinnert eine Gedenktafel an den Flugpionier. Auf dem Friedhof in den Dünen ist er beerdigt.

Adresse Hafen/Blidselbucht, 25992 List | Anfahrt von der Listlandstraße in die Hafenstraße, nach dem Kreisverkehr rechts großer Parkplatz | Tipp Im Erlebniszentrum Naturgewalten auf der anderen Seite des Parkplatzes erzählen Zeitzeugen von Sturmfluten, oder man kann das Klimageschehen aus der Astronaten-Perspektive beobachten. Im neuen Syltdome, ein 360-Grad-Kino, werden spektakuläre Filme im 3-D-Format gezeigt (geöffnet täglich 10–18 Uhr).

94 Der Walepfad

Beste Sicht auf die Kinderstube der Tümmler

Der Schweinswal, Flippers pummeliger Artgenosse, hat einen schweinischen Namen. Der alte Aristoteles ist schuld. Der Philosoph und Naturforscher hat vor 2.400 Jahren einen der kleinen Tümmler seziert und stellte fest, er sehe ja auch innen gar nicht aus wie in Fisch, eher wie ein Schwein. »Phokaina« hat er ihn genannt, Meeresschwein. Zudem wird berichtet, auch geschmacklich sei der Tümmler mit dem Schwein vergleichbar. Glücklicherweise lässt sich das nicht mehr beurteilen. Der Schweinswal, der in den 1950er Jahren noch beim Schlachter landete, ist heute streng geschützt. Zwischen 13.000 und 27.000 Schweinswale leben nach jüngsten Schätzungen des Instituts für Aquatische Wildtierforschung noch in der deutschen Nordsee.

Das Meer vor der Westküste Sylts wie auch vor Amrum ist Schweinswal-Schutzgebiet. Hier bringen die Kühe nach elf Monaten zwischen Mai und Juli ihre Kälber zur Welt. Immer mit der Fluke voran, damit diese sich sofort entfaltet und das Kalb schnell zum Luftholen auftauchen kann. Neun Monate lang werden die Jungtiere gesäugt. Das Sylter Außenriff ist Schweinswal-Kinderstube für die ersten Wochen. Oft kann man beobachten, wie Kuh und Kalb am Strand vorbeiziehen. Das Alttier jagt nach Makrelen, Sandaalen und Plattfischen. Das Jungtier lernt, in der Meeresumwelt zu überleben.

22 interaktive Pulte und Stelen informieren entlang des Sylter Walepfads über Europas erstes Walschutzgebiet. Besonders gut kann man die Raubtiere von der Aussichtsplattform (79 Stufen) am Lister Weststrandparkplatz sehen. Mit sieben Stundenkilometern ziehen sie durchs Wasser. Schweinswale schlafen nicht, ruhen aber mehrmals in der Stunde für bis zu sechs Sekunden an der Wasseroberfläche. Dann tauchen ihre dreieckigen, schwarzen Rückenfinnen aus den Wellen auf. Die besten Bedingungen fürs Sylter Whale Watching sind ruhige See, also Ostwind. Und das Licht des Sonnenuntergangs.

Adresse Weststrandparkplatz, 25992 List | Anfahrt von der Listlandstraße in die Betonplatten-Straße, die sogenannte Panzerstraße, kurz vor dem Ellenbogen links großer Parkplatz | Öffnungszeiten Die Plattform ist rund um die Uhr geöffnet. | Tipp Unterhalb hat Tim Becker, der auch das Pony in Kampen betreibt und Erfolgsgastronom auf dem Hamburger Kiez ist, das Restaurant Strandhalle aufgehübscht. Spezialitäten sind Scholle mit Krabben oder gegrillte Makrele mit Spargel und Parmesan (Tel. 04651/870266, geöffnet Mi–So 12–17 und 18–22 Uhr).

95_Das Bunte Kliff

Zehn Millionen Jahre Erdgeschichte

Der späte Nachmittag ist die beste Zeit, um das Morsum-Kliff zu sehen. Es ist nach Norden ausgerichtet und liegt im schönsten Licht, wenn die Sonne ganz tief im Westen steht. Dann leuchtet der Limonitsandstein markant rostrot. Links daneben strahlt der weiße Kaolinsand. Rechts dominiert der schwarze Glimmerton. Der Farbwechsel erstreckt sich auf einer Länge von annähernd zwei Kilometern an der 21 Meter hohen Steilküste. »Buntes Kliff« wird sie auch genannt. Sie ist eines der bedeutendsten geologischen Denkmäler Deutschlands, ausgezeichnet als »Nationaler Geotop«.

Ursprünglich haben die Schichten einmal übereinander gelegen. Von unten nach oben: schwarz, rostrot, weiß. Ablagerungen aus zehn Millionen Jahren Erdgeschichte. Dann drückten gewaltige Gletscher von der Seite und von oben, schoben und stauchten das Gelände. Verschuppung nennen das die Geologen. Als die Gletscher abschmolzen, ließen sie die drei Erdschichten in einem Winkel von etwa 33 Grad schräg gestellt zurück. Wissenschaftler haben darin Spuren frühesten Lebens gefunden. Die Zeiten der beiden ältesten Schichten bezeichnen sie deshalb als Syltium (Glimmerton) und Morsumium (Limonitsandstein).

Als man sich 1923 daranmachte, den Hindenburgdamm zum Festland zu errichten, wollten die Planer allen Ernstes die nahe Steilküste als Baumaterial abtragen. Eine Bürgerinitiative konnte das verhindern, noch im selben Jahr wurde das Morsum-Kliff unter Naturschutz gestellt. Heute sind nicht nur Urlauber von seiner Schönheit begeistert. Professoren und Studenten reisen an, um hier Erdgeschichte zu erforschen. Das Sammeln von Fossilien ist wie das Besteigen der Steilküste verboten. Oben führt ein Plankenweg zum Aussichtspunkt mit guter Perspektive. Eine Wanderung unten zwischen Wasser und Buntem Kliff sehr früh am Morgen oder ganz spät am Nachmittag ist für viele Sylter noch immer das schönste Inselerlebnis.

Adresse Naturschutzgebiet Morsum-Kliff | Anfahrt von oben: an der Bahnbrücke Morsum rechts in den Nösistig, nach 1.000 Metern rechts großer Parkplatz, der Fußweg zum Aussichtspunkt beginnt am Hotel Morsum-Kliff (ist ausgeschildert), unten: Fußweg am Strand | Tipp In der Morsumer Heide zwischen Kliff und der Bahnstrecke Niebüll/Westerland liegt Deutschlands größtes zusammenhängendes Hünengräberfeld. Der Sage nach ruht hier auch der Sylter Riese Urding, einer der siegreichen Helden aus dem Kampf der Riesen gegen die Zwerge.

96 Die Reusen von Rantum

Seltener Anblick im Schlick

Räucheraal, gebratener Aal, Aal in Gelee, Aalsuppe – der schlangenähnliche Fisch steht in Nordfriesland auf vielen Speisekarten. Heute wird er meist aus Aquakulturen geliefert. Auf Sylt wird Fischfang nur noch von wenigen Männern im Nebenerwerb betrieben. Aale werden auf der Wattseite in Ufernähe gefangen. Aber Aalreusen sind ein seltener Anblick geworden. Bei Rantum kann man noch welche sehen.

Unterhalb des Deichs, der vom Bootssteg nach Nordosten führt, liegen sie wie gemalt bei Ebbe im Schlick. Fünf Meter lange Kunststoffgeflechte, über Ringe gespannt, an sogenannten Staken im Wattboden verankert. Bei Flut sind sie unter Wasser, mit Fähnchen markiert. Aalreusen sind trichterförmig, Wassertiere, die hineinschwimmen, finden nicht wieder zurück. Bei ablaufendem Wasser gehen die Fische so ins Netz. Die Masche hat sich seit Jahrtausenden bewährt. Nach der Flut schaut der Reusenfischer nach, was sich verfangen hat. Alte Sylter können noch von Zeiten erzählen, als die Geflechte so prall gefüllt waren, dass man Mühe hatte, den Fang nach Hause zu bringen. Heute sind es keine 20 Hobbyfischer mehr, die so Jagd auf die fettreiche Delikatesse machen. Nicht immer ist überhaupt etwas im Netz.

Auf der anderen Seite des fünf Kilometer langen Deichs, der in den 30er Jahren des vergangenen Jahrhunderts um die Rantumer Bucht gezogen wurde, liegt das Naturschutzgebiet Rantumbecken. Die nach dem Bau von den Gezeiten unabhängige Wasserfläche wollte die deutsche Wehrmacht als Seeflughafen nutzen. Das Areal erwies sich jedoch als wenig tauglich. Nach dem Zweiten Weltkrieg plante man, es auszutrocknen und in diesem Koog 40 Bauernhöfe zu errichten. 1962 fiel die Entscheidung zugunsten des Naturschutzes. Über eine Schleuse wird Meerwasser zugeführt. Das Rantumbecken hat sich zu einem der artenreichsten Seevogelschutzgebiete der Küste entwickelt, ist »Europareservat«.

Adresse am Deich des Naturschutzgebiets Rantumbecken | Anfahrt von der Hörnumer Straße in die Hafenstraße, nach 1.200 Metern Parkplatz am Hafen, zu Fuß 500 Meter Richtung Nordosten über den Deich | Tipp Bei den Sylt Distillers neben dem Hafenkiosk können Besucher exklusive Whisky- und Rum-Abfüllungen sowie Sylter Gin-Variationen verkosten (geöffnet Mo–Sa 11.30–18.30 Uhr, So 11.30–17 Uhr).

97__Die Strandkorb-Manufaktur

Auf Wunsch wird eine Heizung eingebaut

Der Strandkorb ist ein Stück Schrebergarten am Meer. Ein eigenes Reich. Rundherum kann man seine Sandburg bauen, auf ausziehbaren Schubladen die Beine hochlegen, auf Klapptischchen Ansichtskarten an die Lieben schreiben. Man muss den Ostsee-Strandkorb mit geschwungenen Seitenteilen und gebogener Haube vom Nordsee-Strandkorb unterscheiden, der gerader und kantiger ist. Der Rostocker Hofkorbmacher Wilhelm Bartelmann hat den Strandkorb 1882 erfunden. Für eine Rheumakranke konstruierte er aus Weiden und Rohr einen Einsitzer, von Spöttern als aufrecht stehender Wäschekorb belächelt.

11.000 Strandkörbe werden auf Sylt zu Beginn der Saison in den Sand gestellt. Die Manufaktur Sylt-Strandkörbe fertigt das Entspannungsmöbel in dritter Generation. Es riecht nach Sägespänen und Lack, 16 Mitarbeiter werkeln in den Hallen im Rantumer Hafengebiet. Tischler, Schneider, Polsterer, Flechter. Jeder Korb ist Handarbeit. »Acht bis zehn Körbe schaffen wir am Tag«, sagt Inhaber Willy Trautmann. Statt Weidenruten wird heute wetterfestes Kunststoffgeflecht verarbeitet. Einen Tag dauert es, einen Zweisitzer zu flechten. Beim Westküsten-Strandkorb lässt sich die Rückenlehne um 45 Grad neigen. Auf Wunsch werden Steckdose, Beleuchtung oder Heizung eingebaut. Möchte jemand, dass Möwengezwitscher ertönt, sobald er sich in den Strandkorb setzt, ist auch das kein Problem.

Strandkörbe aus Rantum stehen an Deck des Kreuzfahrtschiffes MS Deutschland, auf der Panorama-Terrasse des Hotels Ritz in Moskau, in Neuseeland und Australien. Die meisten Körbe gehen aufs deutsche Festland. »Ein Strandkorb ist ja heute auch ein Gartenmöbel«, sagt Willy Trautmann. »Die Hamburger bestellen blaue oder weiße. Im Ruhrgebiet mag man orange oder braun. Die Bayern lieben hellblau oder hellgrau.«

Adresse Hafenstraße 10, 25980 Rantum, Tel. 04651/22843 | Anfahrt von der Hörnumer Straße in die Hafenstraße, nach 700 Metern auf der rechten Seite | Öffnungszeiten Mo–Fr 10–16.30 Uhr, ein Rundgang durch den Betrieb ist möglich | Tipp Die Skulpturen hinter dem 16-eckigen Glaspalast der Sylt-Quelle an der Hafenstraße sind Teil des Kunstparcours der Stiftung Kunst:Raum Sylt. Die Plastik »flood« aus blauem Blech hat der Australier Richard Kelly geschaffen. Ein Pendant in Rot steht in Brisbane am Strand.

98__Mit dem Schiff ab Rømø

Viel schöner als über den Hindenburgdamm

Mag sein, dass die reine Fahrtzeit mit dem Sylt-Shuttle von Niebüll nach Westerland über den Hindenburgdamm kürzer ist. Aber mitunter muss man lange warten und das Verladen auf die Doppelstock-Waggons der Bahn zieht sich hin. Zudem kann man das Auto nicht verlassen. Viel angenehmer ist die Überfahrt mit den Fähren Sylt Express und Rømø Express von der dänischen Insel Rømø aus. Nur 40 Minuten dauert der Transport. Wer online gebucht hat, wird im Hafen Havneby schon bei der Ankunft namentlich begrüßt.

Auf einem der Decks der Schiffe kann man die Anreise nach Sylt im Strandkorb genießen. Sich vielleicht dabei einen Prosecco gönnen und auf den Urlaub anstoßen. Fast lautlos rauschen die Fähren durch das Wasser des Lister Tiefs. Rechts liefern sich auf dem goldgelben Havsand Rømøs Strandsegler und Buggy-Kiter ein Rennen. Direkt voraus der Ellebogen Sylts, aus dieser Perspektive sind die Strände auf beiden Seiten der Landzunge zu sehen. Fast scheint es, die Fähre steuere knapp an der Insel vorbei, da nimmt der Kapitän eine 90-Grad-Linkskurve, hält direkt Kurs auf List.

Der Sylt Express unter zypriotischer Flagge verkehrt seit 2005. Der Rømø Express pendelt seit 2019, er wird mit Flüssiggas betrieben. Eines der Vorgänger-Schiffe, die Westerland, fährt nun zwischen den Fidschi-Inseln. Der Sylt-Fähren bringen im Jahr etwa 500.000 Passagiere und 70.000 Fahrzeuge auf die Insel. Sicher, die Strecke über Rømø ist ein Umweg. Im Vergleich zum Autozug kann man aber sparen und das macht zusätzlich Spaß.

Im Frühjahr 2009 war der Sylt Express als Bay Line Ferries beschriftet, US-Flaggen wehten im Lister Hafen. Regisseur Roman Polanski drehte auf der Fähre und am Sylter Ellenbogen Teile des Politthrillers »Der Ghostwriter«. Der 45 Millionen Dollar teure Film gewann bei den Berliner Filmfestspielen den Silbernen Bären. Ewan McGregor und Pierce Brosnan spielten die Hauptrollen.

Adresse Hafen Havneby, Kilebryggen 1, 6792 Rømø, Dänemark, Tel. 0461/864601 (Reederei) | Anfahrt nach dem Rømø-Damm an der Ampel links auf den Havnebyvej, immer geradeaus | Öffnungszeiten Fährzeiten Sommersaison und Nebensaison im Stundentakt, Info unter www.frs-syltfaehre.de | Tipp Auf der Fahrt nach Havneby liegt rechts die Seemannskirche Sankt Clemens. Er war Schutzheiliger der Seefahrer. An der Friedhofsmauer stehen 200 Jahre alte Grabsteine reicher Kapitäne.

99__Der Denghoog

Eines der bedeutendsten Hünengräber Europas

Nach Überlieferungen haben auf Sylt viele Zwerge gelebt. Die Puken etwa, gutmütige Gesellen, die eine große Hilfe im Haus und auf dem Acker sein konnten. Als Dank erwarteten sie nur einen Grützbrei, ein Stück Butter und Pantoffeln. Ihre Vettern waren die Önereersken, nicht immer so brav, sie hausten unter der Erde. Nur im Mondschein kamen sie heraus, um Wäsche zu trocknen, zu tanzen und zu spielen. Finn hieß ein sagenhafter König der Zwerge. Nachdem er den Kampf gegen die Riesen verloren hatte, stach er sich wohl ein Steinmesser ins Herz.

Im Denghoog soll er bestattet worden sein. Hier soll zuvor auch sein steinerner Thron gestanden haben, von dem aus Finn regierte. Die begehbare Grabkammer ist 5.000 Jahre alt, 1.000 Jahre älter als die Pyramiden von Gizeh. Sie ist eines der bedeutendsten Steinzeitgräber Europas. Lange Zeit war dies für die Menschen nur ein Hügel, dreieinhalb Meter hoch, umgeben von Ackerland. Daher der friesische Name, Deng steht für Wiese, Hoog für Hügel. Dann kam 1868 der Hamburger Forscher Ferdinand Wibel mit dem Spaten, fing an zu graben. Unter Grassoden und einer Sandschicht machte er seine sensationelle Entdeckung. Die Kammer ist oval, fünf Meter lang, an ihrer weitesten Stelle drei Meter breit und knapp zwei Meter hoch. Wibel fand Teile eines menschlichen Skeletts, Becher, andere Keramikgefäße, Flintdolche, Steinbeile, Feuersteinklingen, Bernsteinperlen.

Besucher können heute von oben in das Hünengrab steigen oder einen sechs Meter langen Gang entlangkriechen, der nur einen Meter hoch ist. Zwölf große Findlinge bilden die Seitenwände. Drei flache Decksteine, 75 Zentimeter dick, schließen die Kammer nach oben ab. Der schwerste wiegt an die 20 Tonnen, das entspricht dem Gewicht von fünf Elefanten. Die Wissenschaftler rätseln noch immer, wie die Steinzeitmenschen es geschafft haben, diesen Brocken auch nur einen Zentimeter zu bewegen.

Adresse Am Denghoog, 25996 Wenningstedt, Tel. 0170/6971687 | Anfahrt von der L24 in die Hauptstraße, nach 500 Metern rechts in die Straße Am Dorfteich, nach 300 Metern rechts, Parkplätze am Dorfteich | Öffnungszeiten Mai–Sept. Mo–Fr 10–17 Uhr, Sa, So 11–17 Uhr, April, Okt. Mo–Fr 10–16 Uhr, Sa, So 11–16 Uhr | Tipp Die Friesenkapelle vor dem Denghoog wird wegen ihres gekachelten Altarraumes auch das »Wohnzimmer Gottes« genannt.

100_Die Surferdamen

Poesie des Alltags

Was machen diese Betonköpfe nur mit den Menschen? Ihnen rutscht ein Lächeln ins Gesicht. Erst betrachten sie die Figuren aus sicherer Distanz. Dann gesellen sie sich zu ihnen, umrunden und berühren sie. Ein Selfie muss sein. An verschiedenen Stellen in Wenningstedt überraschen die »Alltagsmenschen« der Künstlerinnen Christel und Laura Lechner. Die Raucherin, die man in die Ecke eines Hintereingangs verbannt hat. Die Badenden auf der Wiese. Die Putzfrau auf einem Balkon. Bis zu 150 Kilo schwer sind die Skulpturen, aber sie verzaubern durch Leichtigkeit und Lebendigkeit. Man identifiziert sich mit den Wesen. Im Leben würde man sie mögen. Die Lechners inszenieren ein Abbild des Alltäglichen, Momentaufnahmen, in der Poesie des Unperfekten. Und doch fern von Banalität.

Zu den Skulpturen, die inzwischen ein Zuhause haben auf Sylt, installieren Christel Lechner und Tochter Laura Jahr für Jahr Figurengruppen, die nur für eine Saison zu sehen sind. Zuletzt waren das vier gemütliche Sofas mit »Alltagsmenschen« darauf. Jeder war eingeladen, sich zu ihnen zu setzen. Viele haben das mit Vergnügen getan. Im ersten Corona-Jahr zogen »Alltagsmenschen« an Tischen bei Kaffee und Kuchen die Besucher in ihren Bann – die Tische standen mit gebotenem Abstand voneinander entfernt. Davor war eine Polonaise das Thema. Gäste und Insulaner reihten sich ein, obwohl sie vielleicht sonst Reihentänze bescheuert finden. »In genau dieser Interaktion liegt der Charme der Figuren«, sagt der Tourismusdirektor. »Es ist schön zu sehen, für wie viel Freude sie sorgen.«

Die drei rundlichen Damen mit ihren Surfbrettern, die von der Promenade Richtung Surfschule am Strandübergang Risgap laufen, sind jetzt eingebürgert. Auch die beiden Duschenden und der Mann mit Fernglas auf der Haupttreppe. Der Fotograf auf der Plattform an der Berthin-Bleeg-Straße wird für immer sein Motiv suchen auf dem Meer.

Adresse am südlichen Ende der Strandpromenade, 25996 Wenningstedt | Anfahrt von der L24 in die Hauptstraße, links in die Westerländer Straße, rechts in die Straße Horsatal bis zum Parkplatz an der Dünenstraße | Öffnungszeiten Saison-Installationen März–Okt. | Tipp Auch am Dorfteich nehmen »Alltagsmenschen« ein Bad. Sie macht einen Kopfsprung, er lässt sich im Schwimmreifen treiben.

101 Die Bausünden

Und welche der Minister verboten hat

Ganz klar hat auch Westerland schöne Ecken. In Alt-Westerland allemal oder in Ortsrandlagen. Aber das Zentrum ist architektonisch eine Zumutung. Wer erstmals von den grausamen Bausünden der 60er und 70er Jahre empfangen wird, kann sich kaum vorstellen, dass man hier freiwillig Urlaub macht. Sechsstöckige, achtstöckige Betonklötze, mal in blau-braun, mal in grau-grün. Wohntürme mit Balkonen, die auch nur noch Aussicht auf andere Wohntürme bieten. Viele mit Renovierungsstau. Überragt vom Appartement-Hochhaus Metropol mit 360 Wohneinheiten auf 16 Etagen. Der Bauboom der späten Wirtschaftswunderjahre hat tiefe Wunden in den Ort geschlagen. Wilhelminische Villen mussten Bettenburgen weichen. »Ach Sylt, schön muss es hier einmal gewesen sein«, seufzte der Schriftsteller Walter Jens. »Bevor die Spekulation und der Kapitalismus, Anschauungsunterricht erteilend, über das Land zwischen den Meeren triumphierten.«

Sylt ist traumhaft schön geblieben. Das Zentrum Westerlands ist es nicht. Die Fußgängerzonen Strandstraße und Friedrichstraße haben abgesehen von einigen Cafés und Vornehmboutiquen auch nicht mehr Charme als die von Saarbrücken oder Kiel. Trotzdem: Selbst in den hässlichen Hochkisten kostet der Quadratmeter mit Seeblick bis zu 15.000 Euro. Sie werden vom Zweitwohnungsbesitzer an den nächsten Zweitwohnungsbesitzer übergeben und stehen die meiste Zeit im Jahr leer. Viele Insulaner können sich Sylt schon lange nicht mehr leisten. Die Bevölkerung ist in den vergangenen zehn Jahren von 20.000 auf 18.000 geschrumpft. Wer auf Sylt Arbeit hat, muss oft auf dem Festland wohnen.

Eine gigantische Bausünde ist Westerland Anfang der 70er Jahre erspart geblieben. Ein Stuttgarter Bauunternehmen wollte einen Wohnsilo mit 28 Etagen errichten. Das »Projekt Atlantis« spaltete Sylt, trotzdem stimmte der Stadtrat zu. Schleswig-Holsteins Innenminister stoppte die Pläne.

Adresse Strandstraße/Ecke Steinmannstraße, 25980 Westerland | Anfahrt vom Rathaus in die Friedrichstraße oder Strandstraße (Fußgängerzonen) | Tipp Auch bei Schietwetter kann der Gast in Westerland das Reizklima der Nordsee genießen: Am Ende der Strandstraße liegt an der Promenade die Sylter Welle, Meerwasser-Wellenbad und Saunalandschaft mit Blick auf die Nordsee.

102 Der Friedhof der Strandleichen

Letzte Ruhestätte für ertrunkene Seefahrer

Einst hat man sie einfach sich selbst und dem Meer überlassen, später notdürftig in den Dünen verscharrt. Die Chroniken Sylts zählen von 1600 bis 1870 immerhin 418 Tote, die von den Wellen angespült wurden. Ohne Namen, ohne Herkunft. Meist werden es ertrunkene Seeleute gewesen sein. »Unbekannte Strandleiche, männlich«, hieß es in den Sterberegistern. Bis der Strandvogt Wulf Hansen Decker ein Erbarmen hatte. Er ließ in der Heide einen würdevollen Friedhof anlegen, die »Heimstätte für Heimatlose«. Am 4. Oktober 1855 wurde hier der erste Tote beigesetzt.

Der Gottesacker liegt heute mitten in einem Wohngebiet, von einem Steinwall umrahmt. »Friedhof der Strandleichen« nennen ihn die Sylter. Zwischen Rabatten mit roten Rosen stehen 53 einfache Holzkreuze. Auf ihnen sind das Datum des Auffindens und der Fundort notiert. Am 2. November 1905 war die letzte Bestattung. Jeweils 15 Opfer der See hat man an den Stränden von Rantum und Hörnum gefunden, 23 bei Westerland. Einen Seemann hat man später als den Matrosen Harm Müsker identifizieren können. Er ertrank 1890, wurde 18 Jahre alt. Für ihn ist eine Gedenktafel aufgestellt. Nach 1905 wurden die Strandleichen auf dem neuen Friedhof der Gemeinde beigesetzt. Tote, die im Norden Sylts angetrieben wurden, sind in List und Keitum beerdigt.

Der rumänischen Königin Elisabeth ist das Schicksal der Namenlosen sehr nahe gegangen. Nach einem Urlaub auf Sylt stiftete sie 1888 einen Gedenkstein. In ihn ist ein Text des Berliner Predigers Rudolf Kögel gemeißelt: »Wir sind ein Volk vom Strom der Zeit. Gespült zum Erdeneiland. Voll Unfall und voll Herzeleid. Bis heim uns holt der Heiland. Das Vaterhaus ist immer nah, wie wechselnd auch die Lose. Es ist das Kreuz von Golgatha. Heimat für Heimatlose.«

Adresse Ecke Elisabethstraße / Käpt'n-Christiansen-Straße, 25980 Westerland | Anfahrt vom Bahnhofsvorplatz in die Nicolaistraße, nach links in die Maybachstraße, nach rechts in die Käpt'n-Christiansen-Straße | Öffnungszeiten ganzjährig | Tipp Umstritten ist die überdimensionale Skulpturen-Gruppe »Reisende Riesen im Wind« vor dem Bahnhof. Die grünen Plastiken des Künstlers Martin Wolke stehen schräg, als kämpften sie gegen den Wind.

103 Die Uhren von St. Niels

Stoppuhr fürs Leviten-Lesen

Manche Männer und Frauen Gottes sind wirklich gesegnete Prediger. Treffen den richtigen Ton, machen auch die Ungläubigen zu aufmerksamen Zuhörern. Früher war die Kanzel, die es in vielen alten Kirchen noch gibt, die Bühne des Pfarrers. Von oben herab mahnte er das Kirchenvolk, das zu ihm aufschauen musste. Das Wort »abkanzeln« kommt aus dieser Zeit. Wortgewaltig konnte der Vortrag sein. Wenn der fromme Mann den Gottesfürchtigen mal so richtig den Kopf wusch, vergaß er darüber manchmal die Zeit.

Aus jener Epoche stammen die vier Sanduhren neben der Kanzel in der protestantischen Kirche Sankt Niels im alten Dorf Westerland. Sie wurde 1635 errichtet und ist das älteste Bauwerk des Ortes. Die Kanzel stammt aus dem Jahr 1751. Nachdem man sie hat restaurieren können, hängen die Sanduhren erst seit wenigen Jahren wieder an ihrem Platz. Die Laufzeiten der vier Gläser sind 15, 30, 45 und 60 Minuten. Zu Beginn seiner Predigt drehte der Pastor alle vier Uhren um 180 Grad. So konnte er mit einem Seitenblick ablesen, wie lange er schon getadelt hatte. Man erzählt auch, mancher Geistliche habe bestellte Predigten nach der Uhr abgerechnet. Das ist aber nicht belegt.

An der Wand über dem Taufbecken erinnert eine Gedenktafel an Daniel Wienholt, Sohn einer reichen Londoner Kaufmannsfamilie. Er war Passagier der Fregatte Lutine, die mit 300 Mann Besatzung und Gold- und Silberbarren im Wert von anderthalb Millionen Pfund im Oktobersturm von 1799 vor der westfriesischen Insel Terschelling gesunken ist.

Auch Daniel Wienholt ertrank, wurde auf Sylt angespült und hatte identifiziert werden können. Taucher suchten immer wieder nach dem Schatz, sie konnten aber nur einen kleinen Teil der Ladung finden und die Schiffsglocke bergen. Sie hängt heute bei der internationalen Versicherungsagentur Lloyds in London. Wenn ein Schiff untergeht, wird sie geläutet.

Adresse Kirchenweg 37, 25980 Westerland, Tel. 04651/22263 | **Anfahrt** von der Keitumer Chaussee in den Kirchenweg, nach 200 Metern in der Linkskurve | **Öffnungszeiten** Sommerzeit täglich 10 – 17 Uhr, Winterzeit täglich 10 – 16 Uhr | **Tipp** Die Sonnenuhr an der Südseite der Kirche ist aus dem Jahr 1789. Sie zeigt mit 54°40' den Sylter Breitengrad an sowie den Breitengrad von Jerusalem mit 32°40'.

104_Caspar David Friedrichs Kloster

Klassiker im barocken Bauerngarten

Zwei 120 Meter lange Lindenalleen, einheimische und exotische Gehölze, Obstbaumquartiere, an deren Bäumen historische Birnen- und Apfelsorten wachsen. Darunter der Große Katzenkopf, die Bürgermeister-Birne, der Prinzenapfel, der Gelbe Richard oder der Purpurrote Cousinot. Der Hochdorfer Garten in Tating auf der Halbinsel Eiderstedt zählt neben dem Nolde-Garten in Seebüll und dem Husumer Schlosspark zu den drei schönsten historischen Gartenanlagen Nordfrieslands. Viele Einheimische kennen ihn nicht, auf dem Weg nach St. Peter-Ording rauschen sie durch Tating und an ihm vorbei. Dabei ist der Garten das bedeutendste Denkmal bäuerlicher Gartenkultur in Schleswig-Holstein.

Am südlichen Rand des Gartens, der mit 50.000 Quadratmetern eigentlich ein Park ist, steht ein Bauwerk, das der Klosterruine auf dem Berg Oybin in Sachsen nachempfunden ist. Caspar David Friedrich hat dieses Rundbogen-Motiv immer wieder gemalt. Es ist ein Klassiker. Der letzte Gartenbesitzer Jacob Richardsen muss wohl ein Liebhaber dieses Malers der Romantik gewesen sein, Genaues ist dazu nicht bekannt. Jedenfalls hat er den Ruinen-Nachbau um 1900 aufstellen lassen. Als Richardsen 1905 kinderlos starb, haben er und seine Frau ihren Besitz einer Stiftung vermacht. Deren einziges Ziel ist es, den Garten »für alle Zeiten« als öffentliche Grünanlage zu erhalten.

Angelegt wurde der Barockgarten schon 1764 rund um einen Haubarg, ein wuchtiges friesisches Bauernhaus, Gut Hochdorf. Heute ist der restaurierte Hof Tagungshaus, und man kann Ferienwohnungen darin mieten. Wechselnde Besitzer haben den Garten immer weiter vergrößert. Trotz des Richardsen-Testaments ist er zuletzt doch verwildert und als Naturdenkmal Ende des vergangenen Jahrhunderts aufwendig hergerichtet worden.

Adresse Düsternbrook 10, 25881 Tating | **Anfahrt** von der B 202 in den Düsternbrook, nach 200 Metern auf der rechten Seite | **Öffnungszeiten** ganzjährig | **Tipp** Das Schweizer Haus am Eingang des Hochdorfer Gartens ist einzigartig in Schleswig-Holstein. Das Galerie-Café in dem Holzbau aus dem Jahr 1873 ist für seine Kuchen bekannt (geöffnet Mi–So 12–21 Uhr).

105_Das Haus Peters

Vom Kaufmannsladen zum Kulturzentrum

Es duftet nach handgefertigten Seifen, nach aromatischem Kaffee, nach Schokolade, nach edlen Ölen und Gewürzen. Früher hat es hier auch nach Scheuerpulver und Bohnerwachs gerochen. Links hinterm Tresen eine Regalwand mit 45 kleineren und größeren Schubkästen und einem Vitrinenschrank in der Mitte. Fünf Holzfässer erinnern daran, dass auch einmal Kümmel und Rum abgefüllt wurden. Im nächsten Raum Kunst an den Wänden. In der Giebelstube das Horst-Janssen-Zimmer mit Exponaten des bekannten Zeichners aus der »Eiderland-Mappe«. Was ist das? Kramerladen? Museum? Galerie? Es ist das Haus Peters. Und das ist von allem etwas.

Das Haus Peters ist die in Schleswig-Holstein älteste an ihrem Ursprungsort erhaltene dörfliche Hökerei. Hier wurde bestellt, verkauft und angeschrieben – gehökert.

Von 1765 bis 1987 haben in dem Haus sechs Generationen der Familie Peters gelebt. 1820 wurde der Laden eingebaut. 1923 gab man das Geschäft auf, aber die beiden letzten Bewohner, Geschwister, haben den Laden im Biedermeier-Stil wie einen Augapfel gehütet. So ist er im Originalzustand geblieben. Die hölzernen Einbauten sind mit Braunbier-Lasur gestrichen, eine Technik, mit der man in der Gründerzeit die Maserung von Eichenholz imitierte. Zur Einmachzeit stand auf dem Fußboden aus schwedischen Ölandplatten ein großer Zuckerhut, der nach Bedarf klein geschlagen wurde. Die Bäuerinnen kamen von weit her in die Dörpstraat, um Kernseife, Schürzenbänder, Tabak, Rosinen und Petroleum zu kaufen. Der Laden war sozialer Treffpunkt, beim Klönschnack wurden Klatsch und Tratsch ausgetauscht.

Nach dem Tod der letzten Bewohner hat die Gemeinde Tetenbüll das Haus Peters gekauft und mit Zuschüssen restaurieren können. Zum Konzept gehört, dass im Laden schöne Dinge verkauft werden und das Haus gleichzeitig Ort für Lesungen und wechselnde Ausstellungen ist. Kramerladen. Museum. Galerie.

Adresse Dörpstraat 16, 25882 Tetenbüll, Tel. 04862/681 | Anfahrt von der B 202 in Katharinenheerd über die Katharinenheerder Landstraße immer geradeaus, gegenüber der Kirche Sankt Anna | Öffnungszeiten März–Okt. Di–So 13–18 Uhr, Nov.–Febr. Fr–So 13–17 Uhr | Tipp Nur fünf Kilometer von Tetenbüll entfernt liegt Garding (über die B 202). Das älteste Haus der Stadt am Markt, Nummer 4, ist das Geburtshaus Theodor Mommsens, des ersten deutschen Literaturnobelpreisträgers.

106_Das Skipperhuset

Seine Glocke warnte vor der Sturmflut

Welch gewichtige Rolle Tönning als Handelsplatz gehabt haben muss, lässt sich am historischen Packhaus an der Südmole des Hafenbeckens ablesen. 77 Meter ist es lang. Getreide, Käse und große Herden Schlachtvieh wurden von hier aus über die Eider und die Nordsee verschifft. Heute machen am Kai noch ein paar Yachten fest, selten ein Kutter. Seit der Nord-Ostsee-Kanal eröffnet wurde, ist der Wirtschaftsboom des Hafens verebbt. Das Packhaus mit seinen vielen Ladeluken ist aber immer noch eine Attraktion. In der Vorweihnachtszeit verwandelt es sich in den weltgrößten Adventskalender.

Auf der anderen Seite des Hafenbeckens steht das Skipperhuset. 1625 wurde es als »Gasthaus für Fahrensleute« gebaut, »weil die Schifffahrt alhier zu Tönningen und auf der Eyder täglich mehr zunimbt«. Später haben Tausende Seefahrer im Schifferhaus das Navigieren gelernt. Lotsenoberinspektor Hinrich Brarens leitete die Schule, die überregionales Ansehen hatte. Danach hatte das Backsteingebäude wechselnde Besitzer. Die Freimaurerloge »Eidora zum Schwane« war hier zu Hause und wurde 1933 von den Nationalsozialisten verboten. Die Faschisten richteten im Schifferhaus ihre Parteizentrale ein. Nach dem Krieg tagte hier der Ausschuss zur Entnazifizierung. Der Südschleswigsche Verein der dänischen Minderheit nutzt das Gebäude nun als Schullandheim.

Bevor das Eidersperrwerk gebaut wurde, war Tönning oft überflutet. Wenn wieder Hochwasser drohte, rief die Glocke im Turm des Skipperhusets Freiwillige zusammen. Sie mussten schnell die Stöpen schließen, die Durchlässe für den Verkehr in den Deichen. Eine Steinplatte am Haus und ein Pfahl an der Kaimauer auf der anderen Seite der Straße markieren dramatische Hochwasserstände. So hoch wie bei der Sturmflut von 1962, die in Hamburg und an der Nordsee Hunderte Menschen das Leben kostete, ist das Wasser aber in Tönning seither nicht mehr gestiegen.

Adresse Am Hafen 30, 25832 Tönning, Tel. 04861/61420 (Touristeninformation) | **Anfahrt** von St. Peter-Ording über die B 202, in Schrapenbüll in die Gardinger Chaussee, Johann-Adolf-Straße und den Herrengraben, links auf die Straße Am Eiderdeich, ausreichend Parkplätze am Hafen | **Tipp** Weiße Fische im Asphalt weisen den Weg zum Multimar Wattforum. Spielerisch kann man hier den Geheimnissen der Nordsee auf den Grund gehen (geöffnet täglich 10–17 Uhr).

107__Valsgaard

Wikinger bauen sich ein Zuhause

Man hatte ja gedacht, die Wikinger, die ihre beste Zeit um 800 nach Christus hatten, lebten nicht mehr. Aber das stimmt nicht. Sie sind wieder da. Mehr noch: Sie vermehren sich in einem rasenden Tempo. Es wurden sogar schon wieder welche rheinaufwärts rudernd gesehen. Man kann sie immer öfter in Hängerock, Brünnen und Thorsberghose, Gugel und Wendeschuhen auf vielen Märkten treffen. Sie kneten, schmieden, färben, brauen Wikinger-Met. Nur die Zeit der Raubzüge scheint endgültig vorbei zu sein. In Wallsbüll sind an jedem Wochenende auf ihrer Hofanlage Valsgaard Wikinger versammelt.

Tatsächlich haben in Wallsbüll einst Wikinger gelebt. Jedenfalls sind einige dort gestorben. Auf Gemeindegrund wurden 13 Gräber gefunden. Der Wikinger-Verein Valsgaard, einer der vielen in Deutschland, hat sich zur Aufgabe gemacht, das Leben der auch in Nordfriesland sesshaft gewordenen Vagabunden nachzuempfinden. Hinter spitzen Palisaden bauen die Vereinsmitglieder an einer mittelalterlichen Dorfanlage, die immer größer und detailgenauer wird. Val ist ein typischer Wikingername, so häufig wie Meier, Müller, Schulze. Gaard heißt Hof. Valsgaard ist augenzwinkernd aber auch von Wallsbüll abgeleitet.

Die Geschichte der Region realistisch begreifen, anfassen, mitmachen und lernen, wie die Vorfahren lebten. Das ist das Ziel des Vereins. Das Holz für das klassische Langhaus, die offene Schmiede, das Grubenhaus, die Stallungen können die Wikinger-Fans aus einem nahen Eichenkratt holen. Kratt sagen die Norddeutschen zu einem Niederwald. Gebaut wird nur mit historischem Werkzeug und stilecht in traditionellen Gewändern. Valsgaard ist kein Museum. Es soll eine ständig belebte Anlage sein. Natürlich gibt es einen mittelalterlichen Markt, Bogenturniere, Bogenbauseminare. Die »Schlacht bei Wallsbüll«, die im August im Valsgaard stattfindet, hat mittlerweile internationales Publikum.

Adresse Hooge Ackern, 24980 Wallsbüll, Tel. 0176/78338396 | Anfahrt von der B 199 in die Hauptstraße, nach 600 Metern rechts in die Ellunder Straße, nach 100 Metern links in die Straße Hooge Ackern, hinter dem Kindergarten | Öffnungszeiten Ostern – Okt. Sa, So 14 – 17 Uhr, sonst nach Vereinbarung | Tipp Wallsbüll ist Namensgeber für das »Wallsbüll Open Air«, Deutschlands nördlichstes Rockfestival. Nena und Status Quo sind hier schon aufgetreten.

108__Das Kohlosseum

Zu Besuch beim Sauerkraut-Papst

Schleswig-Holstein ist als Kohlkammer bekannt. Dort, wo Nordfriesland in die Region Dithmarschen übergeht, liegt Europas größtes Kohlanbaugebiet. Weißkohl, Rotkohl, Spitzkohl. Zwischen Eider und Elbe scheint das Gemüse besonders zu gedeihen. 80 Millionen Kohlköpfe werden im Jahr geerntet. Jeder von Hand geschnitten. Aus den meisten wird Sauerkraut, das zumindest aus Auslandssicht den Deutschen einen Teil ihrer Identität gibt.

Wie man gutes Sauerkraut herstellt, wusste am besten Hubert Nickels. Er war der Sauerkraut-Papst. Nickels war Betriebsleiter einer Konservenfabrik in Wesselburen, als dort die letzte Dose vom Band lief und er seinen Job verlor. »Der Inhaber stellte mir ein leerstehendes Labor zur Verfügung« – der Lebensmitteltechniker begann mit seinen Versuchen. »Ich wollte ein besseres Sauerkraut, ein Produkt mit dem vollen Gehalt der natürlichen Milchsäure.«

Üblicherweise wird das Kraut zweimal stark erhitzt. Bevor es in Glas oder Dose kommt, und danach, um es für vier Jahre haltbar zu machen. Dabei verliert es viele Vitamine. Hubert Nickels tüftelte an einem Verfahren, bei dem das rohe Kraut ohne Hitze im Glas gären kann. Er löste das Problem mit einem Verschluss, der die Gase entweichen aber keinen Sauerstoff eindringen lässt. Nickels hatte ein Patent darauf. Das gärfrische »Wesselburener Kraut« ist gekühlt mindestens ein halbes Jahr haltbar.

Zeitgleich hat Hubert Nickels mit Freunden in der alten Fabrik das Kohlosseum aufgebaut. Hier war seine Krautwerkstatt. 60.000 Gläser füllt man jährlich mit Bio-Kohl ab, bis nach Sizilien wird exportiert. Unterm Dach ist ein Kohl-Museum eingerichtet, ein Förderverein hält Hubert Nickels Erbe aufrecht. Auf einem ständigen Markt werden Kohl-Produkte verkauft. Krautsalat mit Jiaogulan, der asiatischen Unsterblichkeitspflanze. Oder Wekohlotion und Wekohshamp, Körpermilch und Shampoo auf Weißkohlsaft-Basis.

Adresse Bahnhofstraße 22a, 25764 Wesselburen, Tel. 04833/45890 | Anfahrt von Heide auf der B 203 Richtung Westen, rechts ab über die L 153 nach Wesselburen, nach dem Ortsschild auf der linken Seite (ist ausgeschildert) | Öffnungszeiten Ostern–Juni Mo–Fr 9–18 Uhr, Sa 9–13 Uhr; Juli–Okt. Mo–Fr 9–18 Uhr, Sa, So 9–13 Uhr; Nov.–Ostern Mo–Fr 9–17 Uhr, Sa 9–13 Uhr | Tipp Der Dramatiker Friedrich Hebbel ist in Wesselburen geboren. Bis 1835 lebte er in der Kirchspielvogtei in der Österstraße. Heute ist sie das Hebbel-Museum.

109__Der Stockenstieg

Kulturdenkmal am stillen Ende der Welt

Das ist das nordfriesische Land's End. Ab hier kommt nichts mehr. Nur noch Salzwiesen, die bis zu 200 Mal im Jahr überflutet werden. Dann die geriffelten Spuren, welche die Wellen im Sand hinterlassen, der im Rhythmus der Gezeiten geflutet wird. Dahinter das Meer. Westerhever, der nordwestlichste Zipfel der Halbinsel Eiderstedt, scheint das stille Ende der Welt zu sein.

Eingegraben in den Boden und über drei Prielbrücken führt der historische Stockenstieg durch das Deichvorland. Ein sehr schmaler Weg aus besonders hart gebrannten Ziegeln, die im Sand verlegt worden sind. Er führt vom Deich zum Leuchtturm Westerheversand mit seinen Leuchtturmwärterhäuschen links und rechts, den viele von vielen Werbeaufnahmen kennen. Stockenstieg leitet sich ab von dem friesischen Wort »Stock«, das »Brücke über Gräben« bedeutet, und »Stieg« für einen kleinen Weg. Der Pfad ist letztes Zeugnis traditionellen Wegebaus in den Uthlanden. Solche Wege waren früher oft die einzige Möglichkeit, trockenen Fußes zur Kirche, zur Schule, zum Kaufmann zu kommen.

Bis 1981 war auch der Leuchtturm nur über den Stockenstieg zu erreichen. Dann hat man einen breiten Betonplattenweg verlegt, der aus einer anderen Richtung kommt. Den muss man auch erst nehmen, um vom Leuchtturm aus den Stockenstieg zu begehen. Weil er so schmal ist, dass man nicht ausweichen kann, ohne neben den Weg zu treten, ist er Einbahnstraße in Richtung Deich. Der Stieg ist nur vier Monate geöffnet, um Zug- und Brutvögel in den Salzwiesen nicht zu stören, wird er die übrige Zeit gesperrt. Der Stockenstieg ist Kulturdenkmal im Weltnaturerbe Wattenmeer.

In den Häuschen neben dem 41 Meter hohen Leuchtturm lebt heute kein Leuchtturmwärter mehr. Dort wohnen junge Menschen, die als Naturschützer ein freiwilliges soziales Jahr leisten. Das Leuchtfeuer, computergesteuert, ist nachts 50 Kilometer weit zu sehen.

Adresse Ahndelweg 4, 25881 Westerhever, Tel. 04865/1206 (Info-Haus) | Anfahrt von der B 202 bei Garding nach Osterhever und Westerhever, von der Dorfstraße in den Ahndelweg, beim Info-Haus großer Parkplatz, von hier zwei Kilometer zu Fuß (ist ausgeschildert) | Öffnungszeiten Stockenstieg: Juni–Sept., Info-Haus täglich 10–16 Uhr | Tipp In der Alten Schule in der Dorfstraße 3 bieten Gunda und Lars Schütt Sandskulpturen-Workshops an (Tel. 04865/210, Info unter www.sandiek.de).

110_Das Kunstkieken

Was Solvej Krüger aus Strandgut so macht

Holz, Reste von Seilen, Plastik, Sicherheitshelme vom Bau oder von einer Ölplattform. In Rot, Grün und Blau scheinen die Figuren zu tanzen. »Mordseeballett« nennt Solvej Krüger das Ensemble. Eine andere Installation hat sie aus einem Pylonen, Schaffell, Ästen und einer abgewickelten Pflasterrolle gefertigt. »Salomon« heißt dieses Objekt. Ein Scheinwerfer strahlt es an und wirft einen geheimnisvollen Schatten auf die Wand dahinter. Vielleicht wird die Figur oder das, was Solvej Krüger darin erkennt, auch bald einen anderen Namen haben. »Der Buchhalter« hieß eine ihrer Skulpturen einmal, bevor daraus »Der Guerillero« wurde. »Objekte verändern sich«, sagt die Künstlerin.

Solvej Krüger macht Beute(l)kunst, erschafft Plastiken aus Strandgut. Vier Mal im Jahr grast sie mit Beuteln oder ihrem Trolley ausgerüstet die Strände ab. Schaut, was sie finden kann. Hebt auf und steckt ein, worin sie etwas wahrnimmt. Fischgerippe, Fischköpfe, vielleicht ein Stück Metall, immer viel Plastikmüll und Treibholz aller Art. Was sie daraus entstehen lässt, ist für Solvej Krüger »ein Abbild der Gesellschaft. Jeder strandet einmal. Wenn man sich mit anderen Gestrandeten zusammentut, können sich neue Synergien entwickeln. Stranden bedeutet doch, dass man, nachdem man im Meer durcheinander gewirbelt wurde, wieder Boden unter den Füßen verspürt, gerettet ist und etwas Neues anfangen kann.«

In ihrem kleinen Garten-Atelier »Kunstkieken« breitet die Künstlerin aus Berlin-Kreuzberg ihre Funde aus, sichtet sie. Kombiniert und sortiert neu. Bis sie eine Idee hat, welcher Gegenstand zum anderen passt. »Ich erblicke häufig Dinge, die aufgrund ihrer Einfachheit seit langem hätten gesehen werden können, die aber keiner wahrgenommen hat. Meine Kunst soll ermuntern, unter die Oberfläche zu sehen. Um Neues zu entdecken, Bestehendes zu beleuchten, und zu interpretieren, wohin die Reise geht.«

Adresse Süderkoppel 9, 25872 Wittbek, Tel. 04845/791469 | Anfahrt von B 201 in Oster-Ohrstedt Richtung Ostenfeld, rechts in die Dorfstraße, geradeaus in die Straße Westerende, links in den Böwerweg, links auf die Süderkoppel | Öffnungszeiten »Bin ich da, ist die Hütte offen.« Sonst nach Vereinbarung. | Tipp Ganz nah ist der Sandesberg, mit 53,3 Metern die höchste Erhebung Nordfrieslands. Weitblick über die Südermarsch und dic Treenemarsch.

111 Der Rote Haubarg

Die Legende sagt, der Teufel hat ihn gebaut

»Höher und breiter als eine Kirche«, hat der Reiseschriftsteller Johann Georg Kohl vor über 150 Jahren beeindruckt den Roten Haubarg beschrieben. Jedenfalls ist er der prächtigste Haubarg auf Eiderstedt, 16 Meter hoch. Niederländer hatten diesen Holzständerbaustil auf die Halbinsel gebracht. Dieser Haubarg wurde 1648 gebaut, nachdem die Burchardiflut den Vorgängerbau fortgerissen hatte. Rot ist der Rote Haubarg nicht, er ist weiß. Zwei Erklärungen gibt es dafür. Die eine besagt, man habe irgendwann die Backsteinmauern übertüncht. Die andere berichtet, der Haubarg sei früher mit roten Ziegeln gedeckt gewesen, die als kostbarer galten. Reet wuchs ja überall. Erst nach einem Brand habe das Gebäude die riesige Reethaube erhalten.

99 (!) Fenster hat der Haubarg. Dahinter verbirgt sich eine Sage, an die eine Skulptur im Garten erinnert: Nur die Hütte eines armen Bauern hat hier früher gestanden, erzählt die Legende. Der Mann war verliebt in die Tochter des reichen Schmieds. Als dieser sein Kind dem armen Schlucker nicht zur Frau geben wollte, schloss der Freier einen Pakt mit dem Teufel. Seine Seele könne er haben, wenn er ihm über Nacht bis zum ersten Hahnenschrei ein Haus mit 100 Fenstern baue. Der Teufel setzte gerade das 99. Fenster ein, da bekam der Bauer Angst, lief zur Geliebten und beichtete alles. Deren Mutter packte im Hühnerstall den Hahn und schüttelte ihn, bis dieser krähte. Da hatte der Teufel sein Spiel verloren, der Bauer ein großartiges Haus, und der Schmied gab ihm die Tochter.

Die Tür links von der Diele führt in ein Lokal mit alten Balken, Dielenboden, Delfter Kacheln und Sonnenterrasse. Durch die Tür rechts geht es in den alten Wirtschaftsteil des Roten Haubargs, der ein kostenloses Museum ist. Man bekommt wie einst der Schriftsteller Johann Georg Kohl einen Eindruck von der Größe des Haubargs und all die Gerätschaften zu sehen, womit die Haubargbauern gearbeitet haben.

Adresse Sand 5, 25889 Witzwort, Tel. 04864/845 | Anfahrt von der B 5 an der Gaststätte Voßkuhle in die Simonsberger Straße, in Simonsberg links auf den Mühlendeich, auf der rechten Seite Fahrweg zum großen Parkplatz | Öffnungszeiten Di–So 11–21 Uhr | Tipp In Witzwort stehen an der Straße Süden noch zwei weitere Haubarge: Nummer 12 und Nummer 16.

1
2
3
Fanø
Ribe
Vojens
HADERSLEV
DÄNEMARK
Rødekro
Aabenraa
Tønder
Westerland
Sylt
43
Padborg
107
FLENSBURG
Handewitt
Föhr
Niebüll
Leck
Tarp
Amrum
Bredstedt
Pellworm
54
Schleswig
56
24
110
Husum
DEUTSCHLAND
Kropp
9
8
St. Peter-
Ording
Tönning
RENDSBURG
N
0
10 km
HEIDE
Büsum

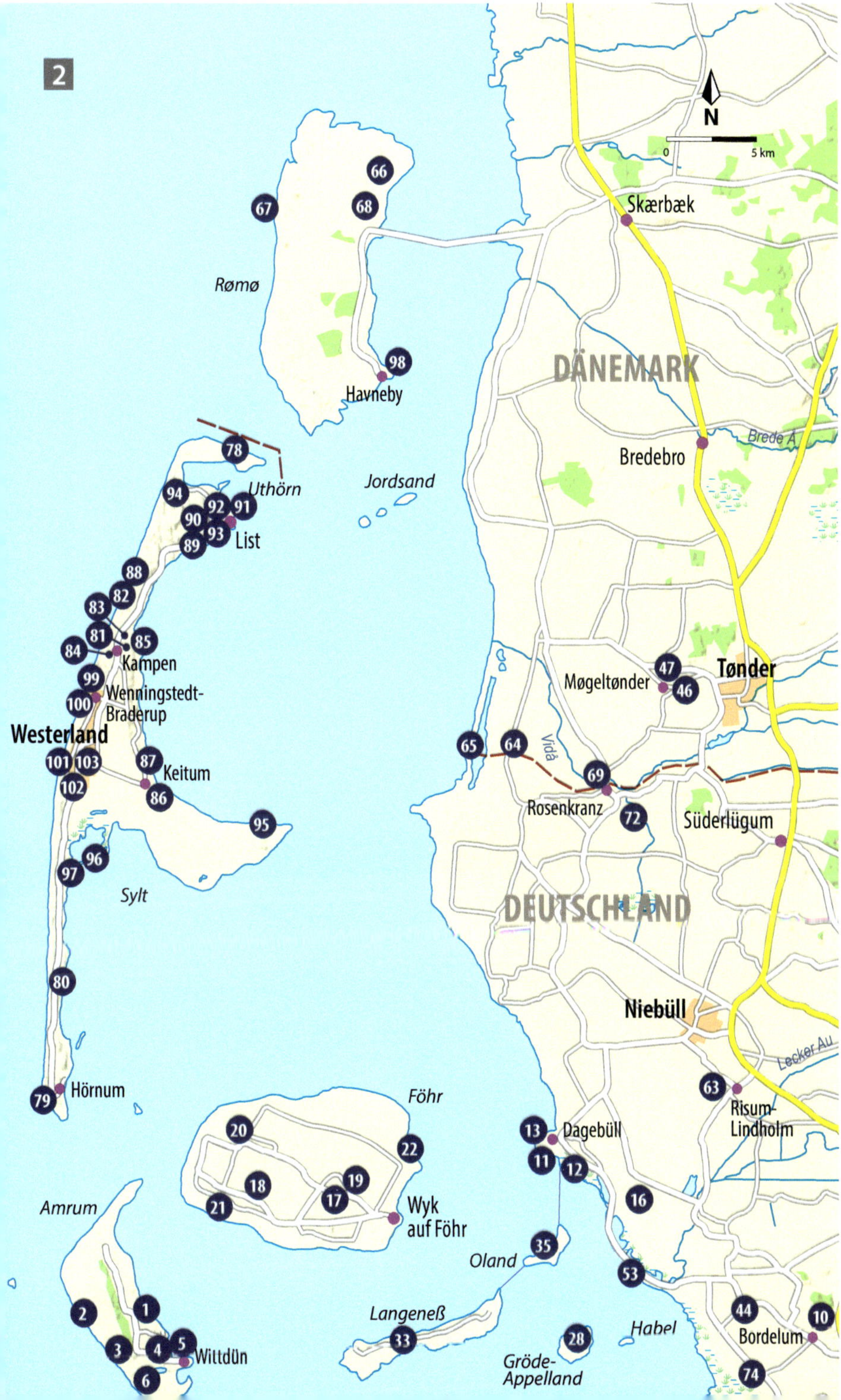
2
N
0
5 km
Rømø
Havneby
Skærbæk
DÄNEMARK
Bredebro
Brede Å
Uthörn
Jordsand
List
Kampen
Wenningstedt-Braderup
Westerland
Keitum
Sylt
Hörnum
Møgeltønder
Tønder
Vidå
Rosenkranz
Süderlügum
DEUTSCHLAND
Niebüll
Lecker Au
Risum-Lindholm
Dagebüll
Föhr
Wyk auf Föhr
Amrum
Wittdün
Oland
Langeneß
Gröde-Appelland
Habel
Bordelum

3
Niebüll
Leck
Lecker Au
Schafflund
Risum-Lindholm
Föhr
Dagebüll
Wyk auf Föhr
Oland
Lindewitt
Langeneß
Habel
Bordelum
Gröde-Appelland
Bredstedt
Hamburger Hallig
Breklum
Hooge
Nordstrandischmoor
Arlau
Norderoog
Hattstedt
Tammensiel
Schobüll
Schwesing
Husum
Mühlenau
Pellworm
Süderoog
Südfall
Süderoogsand
Westerheversand
Oldenswort
Eider
Friedrichstadt
Seeth
Tetenbüll
Tating
Garding
St. Peter-Ording
Tönning
Hitzsand
Hennstedt
Hochsichtsand
Wesselburen
Heide
N
0
5 km
Blauort

Jochen Reiss
111 Orte in Hamburg, die man gesehen haben muss
ISBN 978-3-7408-2241-5

Jochen Reiss
111 Orte in Kiel, die man gesehen haben muss
ISBN 978-3-95451-705-3

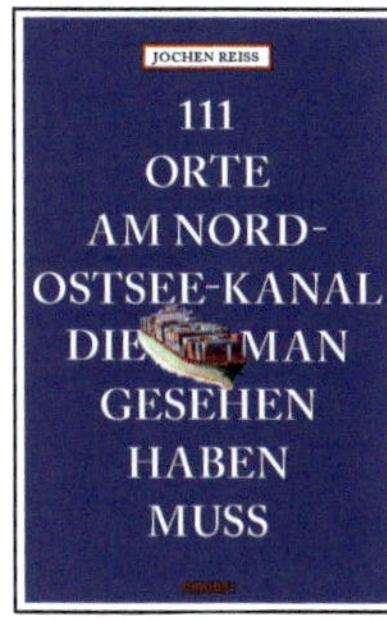

Jochen Reiss
111 Orte am Nord-Ostsee-Kanal, die man gesehen haben muss
ISBN 978-3-7408-0133-5

Jochen Reiss
111 Orte im Alten Land, die man gesehen haben muss
ISBN 978-3-7408-2086-2

Jochen Reiss
111 Orte rund um Hamburg, die man gesehen haben muss
ISBN 978-3-7408-1550-9

Jochen Reiss
111 Dinge über den Hamburger Hafen, die man wissen muss
ISBN 978-3-7408-1626-1

Jochen Reiss
111 Orte im Fünfseenland, die man gesehen haben muss
ISBN 978-3-7408-2247-7

Vito von Eichborn
111 Orte zwischen Lübeck und Kiel, die man gesehen haben muss
ISBN 978-3-95451-339-0

Alexandra Schlennstedt,
Jobst Schlennstedt
111 Orte in Lübeck, die man gesehen haben muss
ISBN 978-3-7408 1548-6

Sina Beerwald
111 Orte auf Föhr, die man gesehen haben muss
ISBN 978-3-7408-2158-6

Jela Henning, Jens Hinrichsen
111 Orte in und um Flensburg, die man gesehen haben muss
ISBN 978-3-7408-1606-3

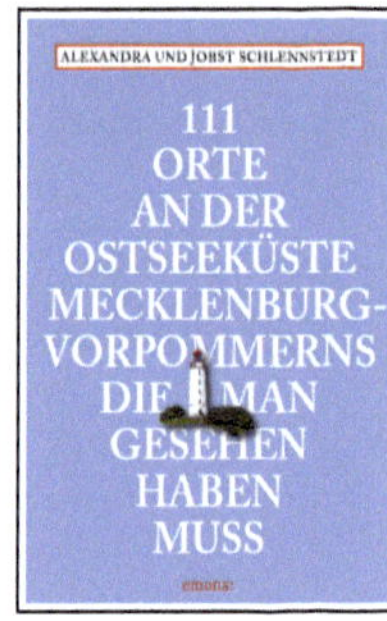

Alexandra Schlennstedt, Jobst Schlennstedt
111 Orte an der Ostseeküste Mecklenburg-Vorpommerns, die man gesehen haben muss
ISBN 978-3-7408-0742-9

Alexandra Schlennstedt, Jobst Schlennstedt
111 Orte an der Ostseeküste Schleswig-Holsteins, die man gesehen haben muss
ISBN 978-3-7408-1295-9

Maren Kaschner, Anselm Neft
111 Orte auf Rügen, die man gesehen haben muss
ISBN 978-3-7408-2131-9

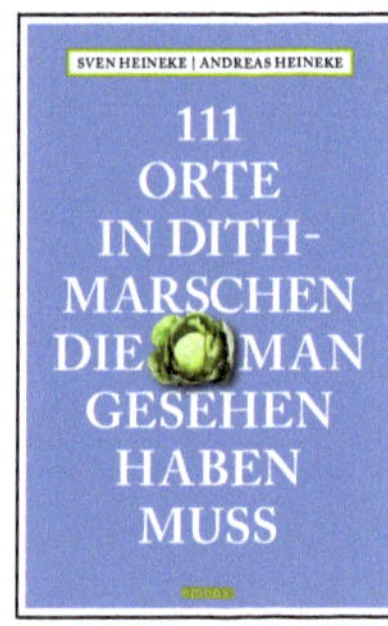

Sven Heineke, Andreas Heineke
111 Orte in Dithmarschen, die man gesehen haben muss
ISBN 978-3-7408-2040-4

Dorothee Fleischmann, Carolina Kalvelage
111 Orte im Weserbergland, die man gesehen haben muss
ISBN 978-3-7408-1511-0

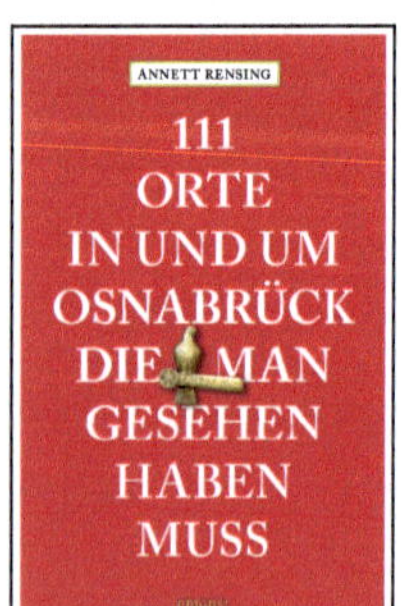

Annett Rensing
111 Orte in Osnabrück, die man gesehen haben muss
ISBN 978-3-7408-2129-6

Manfred Reuter, Lena Reuter
111 Orte auf Norderney, die man gesehen haben muss
ISBN 978-3-7408-1649-0

Manfred Reuter, Lena Reuter
111 Orte in Ostfriesland, die man gesehen haben muss
ISBN 978-3-7408-1455-7

Petra Wochnik, Andreas Klesse
111 Orte auf Langeoog, die man gesehen haben muss
ISBN 978-3-7408-2156-2

Bernd Flessner
111 Orte auf Juist, die man gesehen haben muss
ISBN 978-3-7408-1674-2

Axel Klingenberg, Thomas Hackenberg
111 Orte im Braunschweiger Land, die man gesehen haben muss
ISBN 978-3-95451-671-1

Kirsten Elsner-Schichor
111 Orte im Harz, die man gesehen haben muss
ISBN 978-3-7408-2018-3

Uwe Grießmann, Sonja Klima
111 Orte in und um Hildesheim, die man gesehen haben muss
ISBN 978-3-7408-2130-2

Cornelia Kuhnert, Günter Krüger
111 Orte in Hannover, die man gesehen haben muss
ISBN 978-3-7408-2017-6

Alexandra Schlennstedt, Jobst Schlennstedt
111 Orte in der Lüneburger Heide, die man gesehen haben muss
ISBN 978-3-95451-844-9

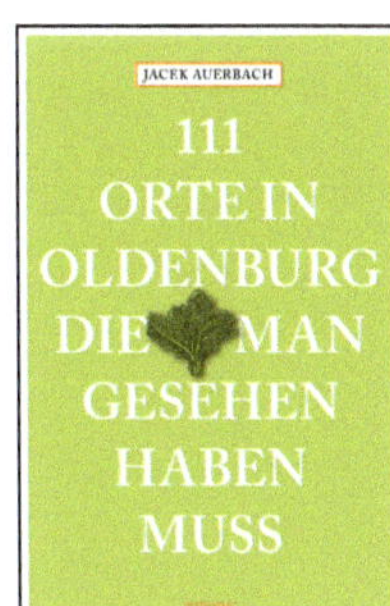

Jacek Auerbach
111 Orte in Oldenburg, die man gesehen haben muss
ISBN 978-3-7408-0249-3

Manfred Reuter, Lena Reuter, Nils Reuter
111 Orte in Aurich, die man gesehen haben muss
ISBN 978-3-7408-0842-6

Christine Izeki, Gerald Roemer
111 Orte im Wendland, die man gesehen haben muss
ISBN 978-3-7408-1520-2

Lars M. Vollmering, Tom Tautz
111 Orte in Wolfsburg, die man gesehen haben muss
ISBN 978-3-7408-1094-8

Dorothee Fleischmann, Carolina Kalvelage
111 Orte in Rostock, die man gesehen haben muss
ISBN 978-3-7408-1076-4

Jela Henning, Jens Hinrichsen
111 Orte in und um Schwerin, die man gesehen haben muss
ISBN 978-3-7408-0635-4

Bernd Imgrund, Britta Schmitz
111 Kölner Orte, die man gesehen haben muss, Band 1
ISBN 978-3-7408-0801-3

Bernd Imgrund, Britta Schmitz
111 Kölner Orte, die man gesehen haben muss, Band 2
ISBN 978-3-7408-1831-9

Lucia Jay von Seldeneck, Verena Eidel, Carolin Huder
111 Orte in Berlin, die man gesehen haben muss
ISBN 978-3-7408-2367-2

Rüdiger Liedtke
111 Orte in München, die man gesehen haben muss
ISBN 978-3-7408-2126-5

Kay Walter
111 Orte in Antwerpen, die man gesehen haben muss
ISBN 978-3-7408-2119-7

Andreas Drouve
111 Orte im Baskenland, die man gesehen haben muss
ISBN 978-3-7408-2023-7

Jörg Dauscher
111 Orte in Bozen, die man gesehen haben muss
ISBN 978-3-7408-1897-5

Marcus X. Schmid,
Monika Steineberg
111 Orte in der Bretagne, die man gesehen haben muss
ISBN 978-3-7408-2262-0

Joscha Remus
111 Orte in Transsilvanien, die man gesehen haben muss
ISBN 978-3-7408-0856-3

Eileen Stiller
111 Orte auf Sizilien, die man gesehen haben muss
ISBN 978-3-7408-1424-3

Rüdiger Liedtke
111 Orte auf Mallorca, die man gesehen haben muss
ISBN 978-3-7408-2239-2

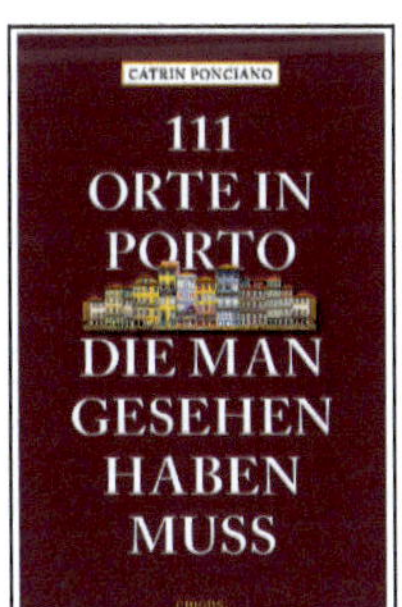

Catrin Ponciano
111 Orte in Porto, die man gesehen haben muss
ISBN 978-3-7408-1978-1

Giulia Castelli Gattinara,
Mario Verin
111 Orte in den Dolomiten, die man gesehen haben muss
ISBN 978-3-7408-1972-9

Jochen Reiss trainiert Medienprofis in Redaktionen in allen Stilformen und Spielarten des Journalismus. An Fachschulen und Akademien für journalistische Aus- und Weiterbildung, an Universitäten und in Unternehmen arbeitet er als Dozent. Er war Chefreporter und Stellvertreter des Chefredakteurs der »Abendzeitung München«. Seine weiteren Buchveröffentlichungen für emons: »111 Dinge über den Hamburger Hafen, die man wissen muss«, »111 Orte in Hamburg, die man gesehen haben muss«, sowie »111 Orte« im Alten Land, rund um Hamburg, am Nord-Ostsee-Kanal, im Fünfseenland, in Kiel.

jochenreiss@jochenreiss.com